KB005717

이야기로 배우는

신나는 급수 한자

김향림 저

6급 ①

시사중국어사

저자

김향림

중앙대학교 중어학과 졸업
한국외국어대학교 중국어교육학과 졸업

(전) 수원과학대학교 중국어 강의
　　　리라유치원 한자 강의
(현) 리라초등학교 중국어 교과전담
　　　리라초등학교 방과후 한자 전담
　　　청강문화산업대학교 중국어 강의

광양중, 광양고, 수도여고, 대일디자인관광고등학교,
해성여자고등학교, 가천대학교 중국어 강의

이야기로 배우는 **신나는 급수 한자 6급 1**

초판발행	2017년 8월 10일
1판 2쇄	2020년 4월 20일
저자	김향림
책임 편집	최미진, 가석빈, 高霞, 하다능
펴낸이	엄태상
디자인	이건화
콘텐츠 제작	김선웅, 전진우
마케팅	이승욱, 전한나, 왕성석, 노원준
온라인 마케팅	김마선, 조인선
경영기획	마정인, 최성훈, 정다운, 김다미, 전태준, 오희연
물류	정종진, 윤덕현, 양희은, 신승진
펴낸곳	시사중국어사(시사북스)
주소	서울시 종로구 자하문로 300 시사빌딩
주문 및 교재 문의	1588-1582
팩스	0502-989-9592
홈페이지	http://www.sisabooks.com
이메일	book_chinese@sisadream.com
등록일자	1988년 2월 13일
등록번호	제1 - 657호

ISBN 979-11-5720-072-6 64710
　　　 979-11-5720-068-9(set)

"피카츄! 다음 한자 시간에 선생님이 꼬~옥 나를 시켜주셨으면 좋겠어~ 꼬~옥 들어줘야 해!"

한자 시간에 한자를 다 배우고 난 다음 학생들이 나와서 배운 한자를 쓰는 시간인데, 시간은 정해져 있고 학생들이 서로 써보겠다고 해서 결국 몇 학생만 나와서 써보고 자기 자리로 들어갑니다. 한자를 써보지 못하고 앉아있던 학생이 속이 상했는지 일기장에 써 놓은 내용입니다.

"선생님~ 팔방미인은 날 수도 있어요?"

여덟 팔(八)를 배우고 이 글자가 들어가는 낱말에는 팔방미인이 있다고 설명합니다. 그 때 바로 질문이 들어옵니다. "못하는 게 없이 이것저것 다 잘하는 사람을 보고 팔방미인이라고 하는 거예요." 말이 끝나기가 무섭게 빛의 속도로 들어오는 질문 하나! "어~~그러면 팔방미인은 날 수도 있어요?"라고 물어봅니다.

"선생님은 한자 나라에서 왔어요? 한자 나라에는 얼마나 많은 한자들이 있어요?"

수업시간에 배운 한자를 열심히 쓰고 있던 한 친구가 옆을 지나가던 저에게 조용히 물어봅니다.

"선생님~ 이 한자 처음 봤을 때는 어려웠는데, 책의 그림을 보고 선생님 설명 들으니 정말 쉬워요!"

한자 수업 시간은 이렇게 재미있는 사건들과 다양한 생각들이 오가는 즐거운 시간입니다.
수업 시간에 학생들의 귀여운 표정 하나하나를 살펴보고 있으면 그 귀여운 표정을 따라서 저도 학생들의 생각 속으로 따라 들어갑니다.

한자는 어렵다는 생각 때문에 한자 배우기를 두려워하는 학생들이 많습니다. 그렇지만 한자를 배우면서 재미있어 하고, 한자가 만들어진 유래들 듣고 생각해 보면서 상상력이 더 풍부해지기도 하는 시간이 한자 시간입니다. 한자를 배우고 난 후, 그 한자들로 만들어진 한자 어휘를 공부하면서 배우는 기쁨이 더해지고 신기해 합니다.

초등학교 저학년 때는 문제 없지만, 점점 학년이 올라가면서 과목도 많아지고 교과서에도 모르는 어휘들이 수두룩하게 나와 힘들어 하는 친구들이 많습니다. 그 모르는 어휘들은 한자로 이루어진 한자어가 대부분입니다. 한자를 아는 친구들은 낯선 한자어들이 나와도 배운 한자에 살을 붙여 가며, 한자어를 공부하던 습관이 생겨서 가벼운 마음으로 즐겁게 공부할 수 있습니다.

우리 학교에는 꼭 스승의 날이 아니더라도 모교를 찾아오는 졸업생들이 많습니다. 졸업생들이 한자를 배워서 도움이 되었다고 이구동성으로 이야기합니다. 한자를 배워놓으니 중, 고등학교 때는 물론이고, 수능을 볼 때 언어영역에서 많은 도움이 되었다는 말을 많이 합니다. 학생들의 이런 말을 들을 때면 그 어느 때보다 보람도 느껴지면서 "더 열심히 해야겠다"라는 생각이 듭니다.

"시무룩한 얼굴로 들어가 즐거운 마음으로 나오는 수업 시간은?"
어린이들이 좋아하는 수수께끼로 만들어 보았는데요~ 모든 학생의 답이 "한자 시간"이라는 말이 나올 수 있게 즐거운 수업, 재미있는 교재를 만들기 위해 노력하겠습니다. 감사합니다.

김향림

8급	읽기 한자 50자, 쓰기 한자 없음 유치원생이나 초등학생에게 한자 학습의 동기 부여를 위한 급수 단계
7급 II	읽기 한자 100자, 쓰기 한자 없음 8급을 합격하거나 8급한자를 학습한 후, 7급을 준비하는 초급 단계
7급	읽기 한자 150자, 쓰기 한자 없음 한자 공부를 처음 시작하는 초급 단계
6급 II	읽기 한자 225자, 쓰기 한자 50자 한자 쓰기를 시작하는 첫 급수 단계
6급	읽기 한자 300자, 쓰기 한자 150자 기초 한자 쓰기를 시작하는 급수 단계
5급 II	읽기 한자 400자, 쓰기 한자 225자 6급과 5급의 격차를 해소하기 위한 급수 단계
5급	읽기 한자 500자, 쓰기 한자 300자 일상생활 속의 한자를 사용하여 쓰기 시작하는 급수 단계
4급 II	읽기 한자 750자, 쓰기 한자 400자 5급과 4급의 격차를 해소하기 위한 급수 단계
4급	읽기 한자 1000자, 쓰기 한자 500자 초급에서 중급으로 올라가는 급수 단계

한국어문회-한자능력검정시험이란?

사단법인 한국어문회에서 주관하고, 한국한자능력검정회가 시행하는 한자 활용능력시험을 말합니다. 1992년 12월 9일 1회 시험을 시작으로 2001년 1월 1일 이후, 국가 공인 자격시험(3급II~특급)으로 치러지고 있습니다.

한자능력검정시험은 어떻게 응시하나요?

* **주관**: 사단법인 한국어문회(02-1566-1400)
* **시행**: 한국한자능력검정회
* **(방문)접수처**: 서울 서울특별시 서초구 서초1동 1627-1 교대벤처타워 401호 한국한자능력검정회
  기타 지역 한자능력검정시험 지역별 접수처 및 응시처 참조
* **(방문)접수 시 준비물**: 반명함판 사진 3매(3X4cm · 무배경 · 탈모), 응시료, 한자 이름, 주민등록번호, 급수증 수령 주소
* **(인터넷)접수 사이트**: www.hanja.re.kr
* **(인터넷) 접수 시 준비물**: 반명함 사진 이미지, 검정료 결제를 위한 신용 카드, 계좌 이체의 결제 수단, 한자 이름, 주민등록번호, 급수증 수령 주소

한자능력검정시험에는 어떤 문제가 나오나요?

구분	8급	7 II급	7급	6 II급	6급	5 II급	5급	4 II급	4급
읽기 배정 한자	50	100	150	225	300	400	500	750	1,000
쓰기 배정 한자	0	0	0	50	150	225	300	400	500
독음	24	22	32	32	33	35	35	35	32
훈음	24	30	30	29	22	23	23	22	22
장단음	0	0	0	0	0	0	0	0	3
반의어	0	2	2	2	3	3	3	3	3
완성형	0	2	2	2	3	4	4	5	5
부수	0	0	0	0	0	0	0	3	3
동의어(유의어)	0	0	0	0	2	3	3	3	3
동음이의어	0	0	0	0	2	3	3	3	3
뜻풀이	0	2	2	2	2	3	3	3	3
약자	0	0	0	0	0	3	3	3	3
필순	2	2	2	3	3	3	3	0	0
한자 쓰기	0	0	0	10	20	20	20	20	20

✱ 출제기준표는 기본 지침 자료로서, 출제자의 의도에 따라 차이가 있을 수 있습니다.
✱ 상위 급수 한자는 하위 급수 한자를 모두 포함하고 있습니다.
✱ 쓰기 배정 한자는 한두 급수 아래의 읽기 배정 한자이거나 그 범위 내에 있습니다.

한자능력검정시험의 합격 기준을 알고 싶어요!

급수별 합격기준	교육 급수								
	8급	7 II급	7급	6 II급	6급	5 II급	5급	4 II급	4급
출제 문항 수	50	60	70	80	90	100			
합격 문항 수	35	42	49	56	63	70			
시험 시간	50분								

한자능력검정시험에 합격하면 좋은 점!

✱ 3급II~특급은 국가 공인자격증으로, 이 급수를 취득하면 초, 중, 고등학교 생활기록부의 자격증란에 기재되고,
　4급~8급을 취득하면 세부능력 및 특기사항란에 기재됩니다.
✱ 대학 입학 수시 모집 및 특기자 전형에 지원이 가능합니다.
✱ 대학 입시 면접에서 가산점 부여 및 졸업 인증, 학점 반영 등의 혜택이 주어집니다.
✱ 2005년 수능부터 제2외국어 영역에 한문 영역이 추가되었습니다.

8급	선정 한자 30자, 교과서 한자어 20자(13단어)
7급	선정 한자 50자, 교과서 한자어 70자(43단어)
6급	선정 한자 70자, 교과서 한자어 100자(62단어)
준5급	선정 한자 150자, 교과서 한자어 100자(62단어)
5급	선정 한자 300자, 교과서 한자어 150자(117단어)
준4급	선정 한자 500자, 교과서 한자어 200자(139단어)
4급	선정 한자 700자, 교과서 한자어 200자(156단어)
준3급	선정 한자 1000자, 교과서 한자어 350자(305단어)

한자교육진흥회–한자자격시험이란?

사단법인 한자교육진흥회에서 주관하고, 한국한자실력평가원이 시행하는 한자 활용능력시험을 말합니다.
기초 한자와 교과서 한자어 평가로 초, 중, 고등학생들에게 학업에 도움을 주며, 교과서에 자주 등장하는 한자어를 분석하여
한자 공부를 할 수 있도록 하고 있습니다.

한자자격시험은 어떻게 응시하나요?

* **주관:** 사단법인 한자교육진흥회 (02-3406-9111)
* **시행:** 한국한자실력평가원
* **(방문) 접수처:** 서울 서울특별시 중구 저동2가 78번지 을지비즈센터 401호
  기타 지역 한자자격시험 지역별 접수처 및 응시처 참조
* **(방문) 접수 시 준비물:** 반명함판 사진 1매(3X4cm · 무배경 · 탈모), 응시료, 한자 이름, 주민등록번호, 급수증 수령 주소
* **(인터넷)접수 사이트:** web.hanja114.org
* **(인터넷) 접수 시 준비물:** 반명함 사진 이미지, 검정료 결제를 위한 신용 카드, 계좌 이체의 결제 수단, 한자 이름,
  주민등록번호, 급수증 수령 주소

한자자격시험에는 어떤 문제가 나오나요?

구분		8급	7급	6급	준5급	5급	준4급	4급	준3급
급수별 선정 한자	훈음	25	25	20	15	15	5	15	15
	독음	25	25	20	15	15	15	15	15
	쓰기	0	0	10	20	20	20	20	20
	기타	15	15	15	15	15	15	15	15
교과서 실용 한자어	독음	15	15	15	15	15	15	15	15
	용어뜻	10	10	10	10	10	10	10	10
	쓰기	0	0	0	0	0	0	0	0
	기타	10	10	10	10	10	10	10	10

한자자격시험의 합격 기준을 알고 싶어요!

급수별 합격기준	교육급수							
	8급	7급	6급	준5급	5급	준4급	4급	준3급
출제 문항 수	50	50	80	100	100	100	100	100
합격 득점(%)	70%이상							
시험 시간(분)	60분							

한자능력검정시험의 특징

* 한자사용능력을 종합적으로 평가합니다.
* 사고력과 어휘력을 향상시킵니다.
* 학업성적 향상에 기여합니다.
* 교과학습능력을 신장시킵니다.

한자능력검정시험의 우수성

우리나라 학생들 중 상다수가 교과서에 나오는 단어(한자어)의 정확한 뜻을 이해하지 못해 학업 성적이 떨어질 수 있다는 사실을 아십니까?

한국한자실력평가원에서 시행하는 한자자격시험은 한자와 한자어를 자연스럽게 익히게 하여 풍부한 어휘력과 사고력, 표현력을 향상시키는 데 도움을 줍니다.

구성과 특징

한자 훈 · 음 익히기!
한자의 뜻과 음을 먼저 보고
배울 한자를 미리 생각해봐요.

그림으로 익히기!!
한자의 뜻과 음을 익힌 후, 그림을
보며 연상하여 한자까지 익혀 봐요!

어문회, 진흥회를 함께!
어문회 6급 배정 한자를 익힐
수 있어요.
* "어"는 어문회 배정 한자를
뜻합니다.

한자의 자원 풀이~
한자가 만들어지는 과정
과 풀이를 통해 한자를
쉽게 기억할 수 있어요.

한자 쓰기!
필향과 필순을 정확하게
익혀서 쓸 수 있어요.

부수와 총획 제시!
한자의 부수와 총획도 문
제도 거뜬히 풀 수 있어요.

생활 속 한자!
실생활 속에서 사용되는 한자를 예
문을 통해 활용 학습이 가능하도록
하였어요!
흐리게 된 글씨는 따라 써 보며 다시
한번 익힐 수 있어요.

한자 속 한자

모일 회
뜻은 모이다이고, 회라고 읽어요.

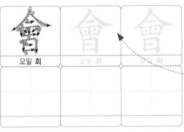

오지그릇 위에 구멍이 있는 시루 뚜껑이 합쳐진 모습
에서 '모이다'라는 뜻을 나타냅니다.

어
會
▶ 훈 모일 음 회
(부수 曰, 총 13획)

會 모일 회	會 모일 회	會 모일 회

흐린 색의 글씨를 따라 써보세요.

생활 속 한자
■ 옛날에는 社會(사회)의 변화가 비교적 느렸습니다.
■ 현민이는 일요일마다 教會(교회)에 갑니다.

18

이야기 속 한자!

승빈이와 토팡이의 재미있는 이야기를 읽으며 이야기 속에 숨어 있는 한자들을 그림에서 찾아 보아요~

한자 예고편!

과에서 배울 한자들을 미리 한눈에 보며 익힐 수 있어요.

리듬 속 한자!

앞에서 학습한 한자들을 리듬에 맞춰 정리 복습하면서 머릿속에 쏘~~옥!! 절대 잊어버리지 않아요!

* 챈트 음원은 시사중국어사 홈페이지 (book.chinasisa.com)에서 무료로 다운로드 하실 수 있습니다.

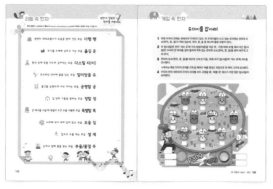

게임 속 한자!

여러 가지 활동들을 통해 배운 한자들을 확인해 보아요~

문제 속 한자!

다양한 문제 유형들로 배운 한자들을 점검해 보아요~

실전 속 한자!
어문회 편!

앞에서 배운 한자들을 실제 시험 문제 유형으로 풀어보며 실전 대비까지 척척!!

알고 보면 한자어!

진흥회 6급 교과서 한자어를 알기 쉽게 설명해 줘요. 한자 학습의 능률을 높일 수 있는 휴식 코너!

실전 속 한자!
진흥회 편!

앞에서 배운 진흥회 한자, 교과서 한자어로 진흥회 시험도 완벽 대비!

구성과 특징

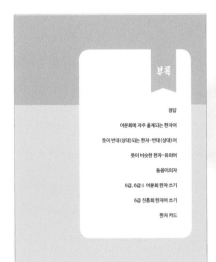

다양한 부록!

6급 시험을 준비할 때 필요한 자료들만 쏙쏙 뽑았어요. 어문회에 자주 출제되는 한자어, 뜻이 반대(상대)되는 한자어, 뜻이 비슷한 한자어 등 다양한 부록을 통해 시험 준비을 완벽하게 할 수 있어요.

또박또박 한자 쓰기!!

한자는 많이 써 볼수록 외우기 쉬운 법!! 어문회 배정 한자, 진흥회 교과서 한자어까지 충분히 써 볼 수 있어요!

한자 카드!

언제 어디서나 활용할 수 있는 한자 카드! 여러 가지 연습이나 게임에 활용할 수 있어요. 6급에는 "진흥회 한자어 카드"도 있어서 더 다양하게 활용할 수 있어요.

브로마이드!

어문회 6급 배정 한자 150자를 앞면은 ㄱㄴㄷ순으로, 뒷면은 교재 학습 순서대로 나열했어요.
* 6급Ⅱ 단어도 별도로 표시했어요.

목차

01 사회 – 파티쉐가 된 승빈이   16

會(회) 社(사) 和(화) 合(합) 信(신) 用(용) 成(성) 功(공)
代(대) 表(표) 禮(례/예) 式(식) 業(업)

02 학교 – 한자 골든벨   36

等(등) 級(급) 各(각) 班(반) 讀(독/두) 書(서) 新(신) 聞(문)
訓(훈) 言(언) 高(고) 習(습) 章(장)

03 생활 – 한옥마을 탐방   56

孫(손) 李(리/이) 朴(박) 黃(황) 堂(당) 庭(정) 園(원)
例(례/예) 窓(창) 衣(의) 服(복) 頭(두) 古(고)

04 시간 – 가상 우주 체험   76

現(현) 在(재) 昨(작) 今(금) 開(개) 始(시) 急(급) 速(속)
朝(조) 晝(주) 夜(야) 第(제) 反(반)

05 판단 – 자동차 시승식   96

幸(행) 運(운) 理(리/이) 由(유) 公(공) 定(정)
特(특) 集(집) 計(계) 注(주)

06 병원 – 의사가 된 승빈이   112

醫(의) 科(과) 身(신) 體(체) 洋(양) 藥(약) 病(병) 席(석) 者(자)
番(번) 號(호) 米(미) 飮(음) 待(대)

한자를 만드는 여섯 가지 방법- 육서(六書)

육서(六書) 는 일반적으로 한자를 만드는 여섯 가지 방법이자 원칙입니다.

한자의 생성 원리를 설명하는 방법으로 한자의 모양(形), 소리(音), 뜻(意) 이렇게 세가지 요소를 가지고 한자의 6가지 정의를 설명하는 것입니다.
육서의 6가지는 상형(象形), 지사(指事), 회의(會意), 형성(形聲)과 기존 한자를 사용하여 문자의 원리를 해설한 전주(轉注), 가차(假借)를 말합니다.

1. 상형(象形 - 그림글자)

한자를 만드는 가장 기본적인 것으로 구체적인 사물의 모양을 본뜬 글자.
산과 물의 모양을 보고 만든 山(산 산), 水(물 수)와 같은 글자들이 상형에 속하며,
그림처럼 복잡하게 쓰이다가 차츰 단순한 모양을 갖게 되었답니다.

> 예 日(날 일), 月(달 월), 水(물 수), 木(나무 목), 生(날 생)

2. 지사(指事 - 약속글자)

구체적인 모양을 나타낼 수 없는 사상이나 개념을 선이나 점으로 나타내어 만든 글자.
'위, 아래, 가운데, 끝, 숫자'와 같이 모양이 없어 글자로 나타내기가 어려운 글자들이
지사에 해당됩니다.

> 예 二(두 이), 三(석 삼), 十(열 십), 八(여덟 팔), 本(근본 본),

3. 회의(會意 - 뜻 모음 글자)

2개 이상의 글자가 뜻과 뜻으로 결합하여 새롭게 만든 글자.
예를 들면 "人(사람 인)+ 木(나무 목)= 休(쉴 휴)" 이렇게 뜻과 뜻이 결합한 것입니다.

> 예 明(밝을 명), 男(사내 남), 家(집 가), 林(수풀 림), 國(나라 국)

▶️ 4. 형성(形聲 – 합체글자)

모양과 소리가 결합한 것으로, 뜻을 나타내는 부분과 음을 나타내는 부분을 결합하여 만든 새로운 글자.

이미 있는 글자로 뜻과 소리를 같이 붙여 글자를 만드는 것이 매우 쉬웠기 때문에 형성문자에 해당하는 한자가 70%이상으로 다수를 차지하고 있답니다.

예를 들면 "人(사람 인) + 主(주인 주) = 住(살 주)" 이렇게 뜻과 소리가 결합한 것입니다.

예 校(학교 교), 祖(할아버지 조), 花(꽃 화), 草(풀 초), 空(빌 공)

▶️ 5. 전주(轉注 – 확대글자)

본뜻: 老 늙을 로 (老人 노인)	본뜻: 惡 악할 악 (惡行 악행)
새로운 뜻: 老 익숙할 노 (老鍊 노련)	새로운 뜻: 惡 미워할 오 (憎惡 증오)

예

▶️ 6. 가차(假借 – 빌린 글자)

의성어, 의태어, 외래어 등을 표기하려고 글자 본래의 의미와 상관없이 소리를 빌려서 나타낸 글자.

예 스페인(Spain) = 西班牙(서반아)
　　유럽(Europe) = 歐羅巴(구라파)

6급 배정 한자

*6급Ⅱ 배정 한자에는 ★을 붙였습니다.

ㄱ

★各 각각 **각**	❶-40
★角 뿔 **각**	❷-100
感 느낄 **감**	❷-57
強 강할 **강**	❷-112
開 열 **개**	❶-82
京 서울 **경**	❷-104
★計 셀 **계**	❶-106
★界 지경 **계**	❷-26
★高 높을 **고**	❶-48
苦 쓸 **고**	❷-64
古 예 **고**	❶-70
★功 공 **공**	❶-25
★公 공평할 **공**	❶-102
★共 한가지/함께 **공**	❷-123
★科 과목 **과**	❶-115
★果 실과 **과**	❷-21
★光 빛 **광**	❷-82
交 사귈 **교**	❷-56
★球 공 **구**	❷-94
區 구분할/지경 **구**	❷-101
郡 고을 **군**	❷-25
近 가까울 **근**	❷-115
根 뿌리 **근**	❷-95
★今 이제 **금**	❶-81
★急 급할 **급**	❶-84
級 등급 **급**	❶-39

ㄷ

多 많을 **다**	❷-118
★短 짧을 **단**	❷-120
★堂 집 **당**	❶-62
待 기다릴 **대**	❶-127
★代 대신할 **대**	❶-26
★對 대할 **대**	❷-121
★圖 그림 **도**	❷-36
度 법도 **도**/헤아릴 **탁**	❷-79
★讀 읽을 **독**/구두 **두**	❶-42
★童 아이 **동**	❷-43
頭 머리 **두**	❶-69
★等 무리 **등**	❶-38

ㄹ

★樂 즐길 **락(낙)**/풍류 **악**/ 좋아할 **요**	❷-41
例 법식 **례(예)**	❶-65
禮 예도 **례(예)**	❶-28
路 길 **로(노)**	❷-28
綠 푸를 **록(녹)**	❷-74
★理 다스릴 **리(이)**	❶-100
李 오얏/성 **리(이)**	❶-59
★利 이할 **리(이)**	❷-23

ㅁ

★明 밝을 **명**	❷-83
目 눈 **목**	❷-45
★聞 들을 **문**	❶-45

米 쌀 미 ❶-125

米 쌀 **미**	❶-125
美 아름다울 **미**	❷-38

ㅂ

朴 성/순박할 **박**	❶-60
★反 돌이킬 **반**	❶-90
★班 나눌 **반**	❶-41
★半 반 **반**	❷-99
★發 필 **발**	❷-119
★放 놓을 **방**	❷-116
番 차례 **번**	❶-123
別 다를/나눌 **별**	❷-63
病 병 **병**	❶-120
服 옷 **복**	❶-68
本 근본 **본**	❷-96
★部 떼/거느릴 **부**	❷-18
★分 나눌 **분**	❷-102

ㅅ

★社 모일 **사**	❶-19
死 죽을 **사**	❷-62
使 하여금/부릴 **사**	❷-24
★書 글 **서**	❶-43
石 돌 **석**	❷-84
席 자리 **석**	❶-121
★線 줄 **선**	❷-117
★雪 눈 **설**	❷-80
★省 살필 **성**/덜 **생**	❷-124

*成 이룰 성 ❶-24

*消 사라질 소 ❷-103

速 빠를 속 ❶-85

孫 손자 손 ❶-58

樹 나무 수 ❷-75

*術 재주 술 ❷-39

習 익힐 습 ❶-49

勝 이길 승 ❷-22

*始 비로소 시 ❶-83

式 법 식 ❶-29

*神 귀신 신 ❷-42

*身 몸 신 ❶-116

*信 믿을 신 ❶-22

*新 새 신 ❶-44

失 잃을 실 ❷-60

ㅇ

愛 사랑 애 ❷-59

野 들 야 ❷-81

夜 밤 야 ❶-88

*弱 약할 약 ❷-113

*藥 약 약 ❶-119

洋 큰 바다 양 ❶-118

陽 볕 양 ❷-73

言 말씀 언 ❶-47

*業 업 업 ❶-30

永 길 영 ❷-98

英 꽃부리 영 ❷-46

溫 따뜻할 온 ❷-78

*勇 날랠 용 ❷-29

*用 쓸 용 ❶-23

*運 옮길 운 ❶-99

園 동산 원 ❶-64

遠 멀 원 ❷-114

油 기름 유 ❷-92

由 말미암을 유 ❶-101

銀 은 은 ❷-97

*飮 마실 음 ❶-126

*音 소리 음 ❷-40

*意 뜻 의 ❷-61

衣 옷 의 ❶-67

醫 의원 의 ❶-114

ㅈ

者 놈 자 ❶-122

*昨 어제 작 ❶-80

*作 지을 작 ❷-48

章 글 장 ❶-50

在 있을 재 ❶-79

*才 재주 재 ❷-47

*戰 싸움 전 ❷-20

*庭 뜰 정 ❶-63

定 정할 정 ❶-103

*題 제목 제 ❷-44

*第 차례 제 ❶-89

朝 아침 조 ❶-86

族 겨레 족 ❷-19

晝 낮 주 ❶-87

*注 부을/물댈 주 ❶-107

*集 모을 집 ❶-105

ㅊ

*窓 창 창 ❶-66

*淸 맑을 청 ❷-76

*體 몸 체 ❶-117

親 친할 친 ❷-58

ㅌ

太 클 태 ❷-72

通 통할 통 ❷-27

特 특별할 특 ❶-104

ㅍ

*表 겉 표 ❶-27

*風 바람 풍 ❷-77

ㅎ

合 합할 합 ❶-21

行 다닐 행/항렬 항 ❷-65

*幸 다행 행 ❶-98

向 향할 향 ❷-122

*現 나타날 현 ❶-78

*形 모양 형 ❷-93

號 이름/부르짖을 호 ❶-124

畫 그림 화 ❷-37

*和 화할 화 ❶-20

黃 누를 황 ❶-61

*會 모일 회 ❶-18

訓 가르칠 훈 ❶-46

승빈이는 빵을 매우 좋아해요. 그래서 승빈이는 아버지에게

"저는 어른이 되면 우리나라를 대(代)표(表)할 수 있는 맛있는 케이크와 쿠키를 파는 빵집을 운영하고 싶어요."라고 말했어요. 그러자 토팡이도 맛있는 케이크와 과자를 먹을 수 있다는 생각에 얼굴에 화(和)색이 돌아요. 승빈이 아버지께서는 승빈이에게

"우리 사(社)회(會)는 신(信)용(用)이 중요해서 성(成)공(功)하려면 맛과 정성이 모두 중요하단다. 그리고 다른 빵집과는 다른 새로운 종류의 케이크와 쿠키도 있으면 더 좋지 않을까?"라고 말씀하셨어요.

그래서 승빈이는 어떤 특별한 케이크가 있을까 고민을 하다가 예(禮)식(式), 졸업(業)식에 적합(合)한 케이크와 쿠키를 만들고 싶어졌어요. 토팡이의 도움으로 졸업식 사각모를 쓴 귀여운 눈사람 아이스크림 케이크, 예식을 올리고 있는 엄지공주 쿠키를 만들고, 지금까지 배웠던 한자 모양의 쿠키도 만들어 보았어요. 승빈이와 토팡이가 만든 케이크와, 쿠키는 모양도 예쁘고, 맛도 좋았어요. 승빈이는 빨리 어른이 되어 토팡이와 더 많은 맛있는 케이크와 쿠키를 만들고 싶었어요.

한자 예고편

그림 속에 숨어있는 한자들을 찾아보세요.

會 모일 (회)	社 모일 (사)	和 화할 (화)
合 합할 (합)	信 믿을 (신)	用 쓸 (용)
成 이룰 (성)	功 공 (공)	代 대신할 (대)
表 겉 (표)	禮 예도 (례/예)	式 법 (식)
業 업 (업)		

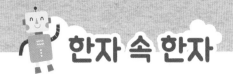

모일 회

뜻은 모이다이고, 회라고 읽어요.

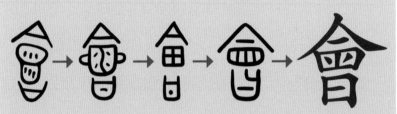

오지그릇 위에 구멍이 있는 시루 뚜껑이 합쳐진 모습에서 '모이다'라는 뜻을 나타냅니다.

어

훈 모일 음 회
(부수 曰, 총 13획)

會	會	會
모일 회	모일 회	모일 회

→ 흐린 색의 글씨를 따라 써보세요.

생활 속 한자

- 옛날에는 社會(사회)의 변화가 비교적 느렸습니다.
- 현민이는 일요일마다 敎會(교회)에 갑니다.

18

모일 사

뜻은 모이다이고, 사라고 읽어요.

⊕ → 社 → 社 → 社

'土(흙 토)'는 토지를 가리키고 '示(보일 시)'는 제사를 가리키며, 토지의 신에게 제사를 지내는 모습에서 '모이다'라는 뜻을 나타냅니다.

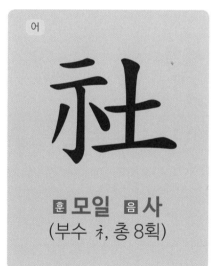

어

社

훈 **모일** 음 **사**
(부수 礻, 총 8획)

社	社	社
모일 사	모일 사	모일 사

생활 속 한자

- 이 會社(회사)의 물건들은 품질이 참 좋은 것 같습니다.
- 삼촌은 이번에 독립하여 출판사 社長(사장)이 되었습니다.

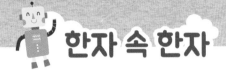

화할 화

뜻은 화하다(화합하다)이고, 화라고 읽어요.

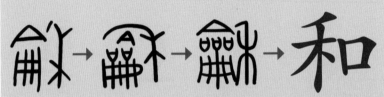

연주하는 피리 소리가 서로 조화로운 모습에서 '화하다(화합하다)'라는 뜻을 나타냅니다.

어

훈 화할 음 화
(부수 口, 총 8획)

화할 화	화할 화	화할 화

→ 흐린 색의 글씨를 따라 써보세요.

생활 속 한자

- 우리 집은 가족끼리 和合(화합)이 잘 됩니다.
- 잠자는 아이의 얼굴을 보고 있으면 平和(평화)를 느낍니다.

합할 합

💬 뜻은 합하다이고, 합이라고 읽어요.

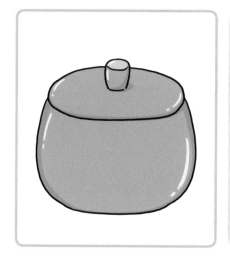

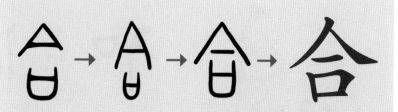

스(삼합 집)은 '모으다'의미를 지니고, ㅁ(입 구)는 '입을 모으다'라는 의미로, 대체적으로 뚜껑과 그릇이 합쳐진 모습에서 '합하다'라는 뜻을 나타냅니다.

어

合

훈 합할 음 합
(부수 ㅁ, 총 6획)

합할 합　　합할 합　　합할 합

생활 속 한자

- 젊은 남녀들이 合同(합동) 결혼식을 올립니다.
- 주민 모두가 合心(합심)하여 수해 복구 작업에 나섰습니다.

믿을 신

뜻은 믿다이고, 신이라고 읽어요.

人 → 偏 → 信

사람이 입으로 하는 말은 거짓이 없는 일이라 하여 '믿다'라는 뜻을 나타냅니다.

어

信

훈 믿을 음 신
(부수 亻, 총 9획)

信	信	信
믿을 신	믿을 신	믿을 신

→ 흐린 색의 글씨를 따라 써보세요.

생활 속 한자

■ 자주 약속을 어기는 사람은 信用(신용)을 잃게 됩니다.

■ 나는 그 일을 해낼 自信(자신)이 있습니다.

쓸 용

💬 뜻은 **쓰다**이고, **용**이라고 읽어요.

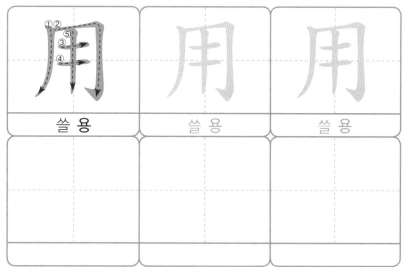

'나무통'의 모습을 본뜬 글자이며, 통이 다양한 쓰임을 가지는 도구로 사용된 모습에서 '쓰다, 쓰이다'라는 뜻을 나타냅니다.

훈 **쓸** 음 **용**
(부수 用, 총 5획)

쓸 용

쓸 용

쓸 용

생활 속 한자

- 도서 목록은 책을 찾는 데 아주 有用(유용)합니다.
- 현승이는 여가시간을 活用(활용)하여 산책을 합니다.

이룰 성

💬 뜻은 **이루다**이고, 성이라고 읽어요.

牛 → 戍 → 成 → 成

넓적한 날이 달린 무기를 들고 병사들이 대오를 이루고 있는 모습에서 '이루다'라는 뜻을 나타냅니다.

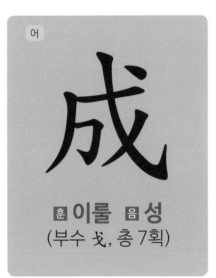

어

成

훈 **이룰** 음 **성**
(부수 戈, 총 7획)

이룰 성	이룰 성	이룰 성

↪ 흐린 색의 글씨를 따라 써보세요.

생활 속 한자

- 청소년기는 成長(성장)이 매우 빠른 시기입니다.
- 이번 일은 의외로 쉽게 成事(성사) 되었습니다.

공 공

🔹 뜻은 공(공로, 공적)이고, 공이라고 읽어요.

工勿 → 工力 → 功

工(장인 공)과 力(힘 력)이 합쳐진 글자로, 장인이 힘을 들여 일하는 모습에서 '공(공로, 공적)'이라는 뜻을 나타냅니다.

어

功

훈 공 음 공
(부수 力, 총 5획)

功	功	功
공 공	공 공	공 공

생활 속 한자

- 그녀는 成功(성공)을 위해서 최선의 노력을 다했습니다.
- 임진왜란에서 이순신 장군의 戰功(전공)은 매우 위대합니다.

대신할 대

뜻은 대신하다이고, 대라고 읽어요.

𣎴 → 代 → 代

人(사람 인)과 弋(주살 익)이 더해진 글자로, 나무를
교차시켜 만든 말뚝을 앞, 뒷사람이 번갈아 드는 모습
에서 '대신하다'라는 뜻을 나타냅니다.

代

훈 대신할 음 대
(부수 亻, 총 5획)

代	代	代
대신할 대	대신할 대	대신할 대

→ 흐린 색의 글씨를 따라 써보세요.

생활 속 한자

- 식탁을 책상 代用(대용)으로 쓰고 있습니다.
- 경비 아저씨는 交代(교대)시간에 맞춰 일을 합니다.

겉 표

뜻은 겉이고, 표라고 읽어요.

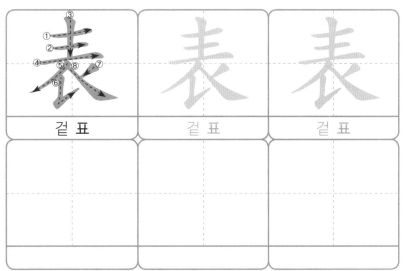

金 → 衰 → 表

털(毛 털 모)이 겉으로 드러난 옷(衣 옷 의) 위에 다시 겉옷을 입은 모습에서 '겉'이라는 뜻을 나타냅니다.

어

表

훈 겉 음 표
(부수 衣, 총 8획)

겉 표   겉 표   겉 표

생활 속 한자

- 그는 항상 表面(표면)에 드러나는 일만 합니다.
- 책을 잃어버리지 않도록 表紙(표지) 안쪽에 이름을 써 두었습니다.

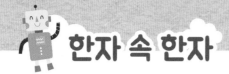

예도 례(예) 뜻은 예도이고, 례(예)라고 읽어요.

豐 → 豐 → 禮 → 禮

제사(示 보일 시)를 지낼 때, 제사 그릇(豆 제기그릇 두) 안에 제물로 두 개의 옥을 넣어서 신에 대한 존경을 나타낸 모습에서 '예도'라는 뜻을 나타냅니다.

어

禮

훈 예도 음 례(예)
(부수 示, 총 18획)

禮	禮	禮
예도 례(예)	예도 례(예)	예도 례(예)

→ 흐린 색의 글씨를 따라 써보세요.

생활 속 한자 * '禮'가 단어의 맨 앞에 올 때는 '예'로 읽어요. 예 禮式(예식), 禮文(예문)

■ 선생님은 학생들에게 目禮(목례)로 인사를 합니다.

■ 어머니는 결혼 禮物(예물)을 장롱 깊숙한 곳에 두었습니다.

법 식

🗨 뜻은 **법**이고, **식**이라고 읽어요.

옛날 장인이 물건을 만들 때 하나하나 먹물로 표시를 하여 똑같이 일정한 형식과 법칙에 따라 만드는 모습에서 '법칙', '법'이라는 뜻을 나타냅니다.

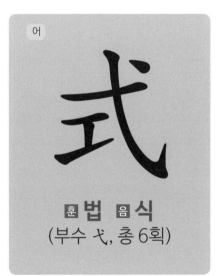

어

훈 **법** 음 **식**
(부수 弋, 총 6획)

법 식	법 식	법 식

생활 속 한자

- 문제를 푸는 方式(방식)이 틀려서 답이 안 나옵니다.
- 축하객들이 式場(식장)을 가득 메웠습니다.

업 업

뜻은 업이고, 업이라고 읽어요.

業 → 業 → 業 → 業

원래는 가로로 긴 나무 시렁에 큰 나무 널빤지를 달아서 북이나 종을 걸어 놓은 용도로 사용했으나, 나중에는 문서를 기록하는 판으로 사용한 모습에서 '업'이라는 뜻을 나타냅니다.

어

業

훈 업 음 업
(부수 木, 총 13획)

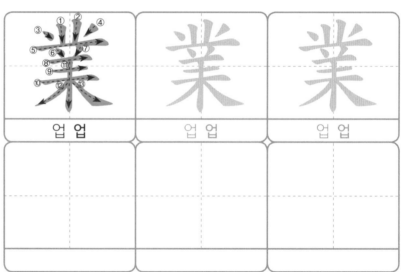

業	業	業
업 업	업 업	업 업

→ 흐린 색의 글씨를 따라 써보세요.

생활 속 한자

- 전국에서 도로 건설 事業(사업)을 벌였습니다.
- 취미로 시작한 일이 이제는 生業(생업)이 되었습니다.

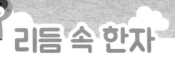

리듬 속 한자

빈칸에 알맞은
한자를 써보세요.

챈트 음원은 시사중국어사 홈페이지 book.chinasisa.com에서 무료로 다운로드 하실 수 있습니다.

 구멍이 있는 시루 뚜껑이 합쳐진 모습 **모일 회**

 토지의 신에게 제사를 지내는 모습 **모일 사**

 피리의 연주 소리가 조화로운 모습 **화할 화**

 뚜껑과 그릇이 합쳐진 모습 **합할 합**

 사람이 입으로 하는 말은 거짓 없는 일 **믿을 신**

 나무통의 모습 **쓸 용**

 병사들이 무기를 들고 대오를 이룬 모습 **이룰 성**

 장인이 힘을 들여 일을 하는 모습 **공 공**

 나무를 앞사람 뒷사람이 번갈아 드는 모습 **대신할 대**

 털 옷 위에 다시 겉옷을 입은 모습 **겉 표**

 제사 그릇 안에 두 개의 옥을 넣은 모습 **예도 례(예)**

 물건을 만들 때 본보기로 삼는 모습 **법 식**

 문서를 기록하는 판 **업 업**

빙고 게임

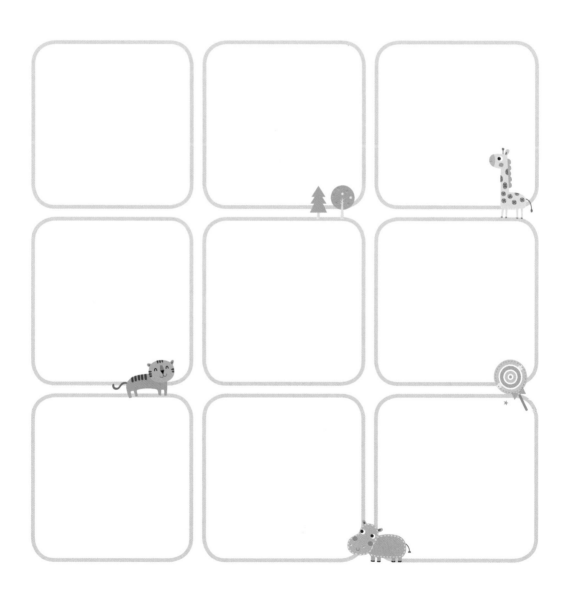

1 빈칸에 알맞은 훈(뜻)을 〈보기〉에서 골라 그 번호를 쓰세요.

> **보기**
> ① 합하다　② 모이다　③ 쓰다
> ④ 대신하다　⑤ 이루다

(1) 會의 뜻은 ☐ 입니다.

(2) 合의 뜻은 ☐ 입니다.

(3) 成의 뜻은 ☐ 입니다.

(4) 代의 뜻은 ☐ 입니다.

2 아래 한자의 훈과 음을 빈칸에 쓰세요.

(1) 信 ☐

(2) 表 ☐

(3) 式 ☐

(4) 社 ☐

3 아래 훈과 음에 해당하는 한자를 빈칸에 쓰세요.

(1) 화할 화 ☐　(2) 쓸 용 ☐

(3) 공 공 ☐　(4) 예도 례 ☐

(5) 업 업 ☐

4 주어진 한자와 음이 같은 한자를 고르세요.

(1) 〔功〕 ① 土 ② 工 ③ 萬 ④ 東 ☐

(2) 〔代〕 ① 孝 ② 有 ③ 大 ④ 歌 ☐

(3) 〔村〕 ① 木 ② 林 ③ 力 ④ 寸 ☐

(4) 〔川〕 ① 三 ② 千 ③ 靑 ④ 先 ☐

5 한자와 뜻의 연결이 바르지 <u>않은</u> 것은?

(1) ① 每 - 열매　② 家 - 집
　　③ 面 - 얼굴　④ 出 - 나가다 ☐

(2) ① 一 - 하나　② 父 - 아버지
　　③ 月 - 해　　④ 大 - 크다 ☐

(3) ① 百 - 희다　② 上 - 위
　　③ 春 - 봄　　④ 植 - 심다 ☐

(4) ① 學 - 배우다　② 民 - 백성
　　③ 校 - 가르치다 ④ 國 - 나라 ☐

6 훈과 음에 알맞은 한자를 보기에서 골라 빈칸에 쓰세요.

> **보기**　金　長　韓　北

(1) 북녘 북 ☐

(2) 나라 한 ☐

(3) 쇠 금 ☐

(4) 길 장 ☐

실전 속 한자 어문회

1 다음 밑줄 친 漢字語의 讀音을 쓰세요.

> 보기 漢字 → 한자

(1) 社會에는 여러 가지 종류의 사람들이 있습니다. (　　　)

(2) 成功하는 방법은 사람마다 각기 다릅니다. (　　　)

(3) 이번 회의에는 제가 代表로 참석합니다. (　　　)

(4) 결혼 禮式은 엄숙해야 합니다. (　　　)

(5) 현대 사회에서는 信用이 중요합니다. (　　　)

2 다음 漢字의 訓과 音을 쓰세요.

> 보기 字 → 글자 자

(1) 業 (　　　)　　(2) 會 (　　　)

(3) 代 (　　　)　　(4) 社 (　　　)

(5) 和 (　　　)　　(6) 禮 (　　　)

(7) 表 (　　　)　　(8) 信 (　　　)

3 다음 밑줄 친 漢字語의 漢字를 쓰세요.

> 보기 국어 → 國語

(1) 시내는 교통이 복잡합니다. (　　　)

(2) 매년 예방주사를 맞습니다. (　　　)

(3) 푸른 상공에 비행기가 떴습니다. (　　　)

(4) 우리는 내일 소풍을 갑니다. (　　　)

(5) 공장 굴뚝에서 연기가 납니다. (　　　)

4 다음 (　)에 알맞은 漢字를 〈보기〉에서 찾아 그 번호를 쓰세요.

> 보기 ① 級 ② 代 ③ 言 ④ 成

(1) □ 代孫孫 : 대대로 내려오는 자손.

(2) 自手 □ 家 : 스스로의 힘으로 어엿한 살림을 이룩함.

5 다음에서 소리는 같으나 뜻이 다른 漢字를 골라 그 번호를 쓰세요.

(1) 功 : ① 工 ② 立 ③ 足 ④ 式 □

(2) 信 : ① 心 ② 兄 ③ 身 ④ 口 □

6 다음 漢字語의 뜻을 풀이하세요.

> 보기 國力 → 나라의 힘

(1) 交信 :

(2) 成長 :

7 다음 漢字의 반대 또는 상대되는 글자를 골라 그 번호를 쓰세요.

(1) 物 : ① 和 ② 心 ③ 午 ④ 番 □

(2) 敎 : ① 習 ② 世 ③ 當 ④ 科 □

8 다음 漢字의 짙게 표시한 획은 몇 번째 쓰는 획인지 숫자로 쓰세요.

(1) 禮 □　　(2) 業 □

距 離
상거할 **거** 떠날 **리**

둘 사이가 떨어져 있는 정도
예 시청에서 박물관까지의 距離(거리)는 가깝습니다.

區 間
구분할 **구** 사이 **간**

어떤 지점과 다른 지점과의 사이
예 이곳은 출퇴근 시에 차가 많이 밀리는 區間(구간)입니다.

共 通
함께 **공** 통할 **통**

둘 또는 그 이상의 여럿 사이에 두루 통하고 관계됨
예 두 동물의 共通(공통)점을 말해 봅시다.

評 價
평가할 **평** 값 **가**

사물의 가치나 수준 따위를 평함
예 그의 그림은 미술 애호가들에게 좋은 評價(평가)를 받았습니다.

平 素
평평할 **평** 본디 **소**

특별한 일이 없는 보통 때
예 소풍 가는 날 아침 平素(평소)보다 더 일찍 일어났습니다.

特 徵
특별할 **특** 부를 **징**

다른 것에 비하여 특별히 눈에 뜨이는 점
예 곤충의 特徵(특징)에 대해 알아보았습니다.

周 邊
두루 **주** 가 **변**

어떤 대상의 둘레
예 내 周邊(주변)을 깨끗이 정리하였습니다.

　오늘은 전 학년 대상으로 한자 골든벨이 있어요. 승빈이는 그 동안 독(讀)서(書)를 열심히 해서 반(班) 대표로 뽑혔어요. 그렇지만 승빈이 얼굴에는 근심이 가득해 보여요. 왜냐하면 식구들에게는 꼭 1등을 할거라고 선언(言)을 했는데, 어젯밤 꼴등을 하는 꿈을 꿨거든요.

　강당에는 각(各) 등(等)급(級)별로 고(高)학년 형과 누나들도 훈(訓)련과 연습(習)을 통해 자신의 실력을 뽐내고 있어요.

　드디어 승빈이 학년의 차례가 되었어요. 승빈이는 꿈과 반대로 승빈이는 1등을 했어요.

　승빈이는 교장 선생님의 도장(章)이 찍혀 있는 상장도 받고, 학교 신(新)문(聞)에도 승빈이의 한자 골든벨 1등 소식이 올라왔어요. 승빈이는 그 동안 한자 공부를 열심히 할 수 있도록 도와준 토팡이에게 토끼라는 뜻의 兔한자 모양의 당근을 주며 고마운 마음을 전했어요.

한자 예고편 　그림 속에 숨어있는 한자들을 찾아보세요.

等 무리 (등)	級 등급 (급)	各 각각 (각)
班 나눌 (반)	讀 읽을 (독)/구두 (두)	書 글 (서)
新 새 (신)	聞 들을 (문)	訓 가르칠 (훈)
言 말씀 (언)	高 높을 (고)	習 익힐 (습)
章 글 (장)		

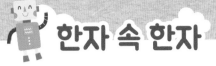

무리 등

뜻은 무리(등급)이고, 등이라고 읽어요.

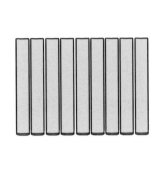

옛날에 종이를 대신하여 사용되었던 평평하게 깎은 여러 대나무 쪽이 똑같이 가지런하게 놓여있는 모습에서 '무리(등급)'이라는 뜻을 나타냅니다.

어

等

훈 무리 음 등
(부수 竹, 총 12획)

무리 등	무리 등	무리 등

↗ 흐린 색의 글씨를 따라 써보세요.

생활 속 한자

- 이 소설은 모두가 平等(평등)한 이상 세계를 추구하고 있습니다.
- 형은 올해 高等學校(고등학교)를 졸업했습니다.

등급 급

뜻은 등급이고, 급이라고 읽어요.

級 → 級 → 級

사람이 손으로 실(糸 실 사)을 품질에 따라 등급을 매기고 있는 모습에서 '등급'이라는 뜻을 나타냅니다.

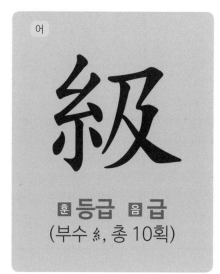

훈 등급 음 급
(부수 糸, 총 10획)

級	級	級
등급 급	등급 급	등급 급

생활 속 한자

- 우리 학교는 한 학년에 일곱 學級(학급)이 있습니다.
- 심사 위원들로부터 최고 等級(등급)을 받았습니다.

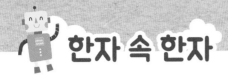
각각 각

뜻은 **각각**이고, **각**이라고 읽어요.

各 → 各 → 各 → 各

발 하나가 동굴 밖에서 동굴 입구로 들어가는 모습으로, 옛날 집의 입구는 비좁아서 한 사람 정도만 제각각 출입할 수 있었으므로 '각각'이라는 뜻을 나타냅니다.

각각 각 (부수 口, 총 6획)

各	各	各
각각 **각**	각각 각	각각 각

→ 흐린 색의 글씨를 따라 써보세요.

생활 속 한자

■ 두 사람은 各自(각자) 자신의 일에 최고가 되기로 약속했습니다.

■ 우리는 各各(각각) 맡은 일을 충실히 해야합니다.

나눌 반

뜻은 나누다이고, 반이라고 읽어요.

班 → 班 → 班

칼로 옥을 두 조각으로 깨서 나뉘어진 모습에서 '나누다'라는 뜻을 나타냅니다.

어

班

훈 **나눌** 음 **반**
(부수 玉, 총 10획)

班 나눌 반	班 나눌 반	班 나눌 반

생활 속 한자

- 언니는 중학교 3년 동안 줄곧 班長(반장)을 했습니다.
- 동생의 반은 班名(반명)이 해바라기반입니다.

읽을 독/구두 두

뜻은 읽다/구두이고, 독/두라고 읽어요.

讀 → 讀

장사꾼이 큰 소리로 물건을 파는 것처럼, 소리 내어 글을 읽는 모습에서 '읽다'라는 뜻을 나타냅니다. 또한, 글을 읽기에 편리하도록 찍어 놓는 점의 모습에서 '구두'라는 뜻으로도 쓰입니다.

어

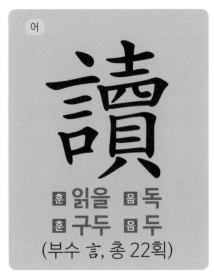

讀

훈 읽을 음 독
훈 구두 음 두
(부수 言, 총 22획)

讀	讀	讀
읽을 독/구두 두	읽을 독/구두 두	읽을 독/구두 두

↳ 흐린 색의 글씨를 따라 써보세요.

생활 속 한자

- 가을은 讀書(독서)하기 좋은 계절입니다.
- 책 출판을 기념하여 讀者(독자)들과의 만남을 가졌습니다.

글 서

뜻은 글이고, 서라고 읽어요.

聿(붓 율)과 者(놈 자)로 이루어진 글자로, 손에 붓을 들고 글을 쓰는 모습에서 '글'이라는 뜻을 나타냅니다.

어

書

훈 글 음 서
(부수 曰, 총 10획)

글 서

글 서

글 서

생활 속 한자

- 할아버지는 시골 書堂(서당)의 훈장이십니다.
- 토론자들의 말을 書記(서기)가 열심히 받아 적었습니다.

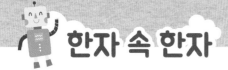

새 신

🗨 뜻은 **새롭다**이고, **신**이라고 읽어요.

판 → 新 → 新 → 新

도끼로 나무를 찍어 쓰러뜨려서 땔나무를 만들어 집으로 가져가는 모습에서 '새롭다'라는 뜻을 나타냅니다.

어

新

훈 **새** 음 **신**
(부수 斤, 총 13획)

新	新	新
새 신	새 신	새 신

↱ 흐린 색의 글씨를 따라 써보세요.

생활 속 한자

■ 新正(신정)을 맞아 현서는 며칠 동안 집에 머물러 있었습니다.

■ 아버지는 요즘 新聞(신문) 한 장 읽을 시간이 없습니다.

들을 문

🗨 뜻은 듣다이고, 문이라고 읽어요.

사람이 손으로 입을 막고, 귀로는 문밖에서 들려오는 소리를 듣는 모습에서 '듣다'라는 뜻을 나타냅니다.

어

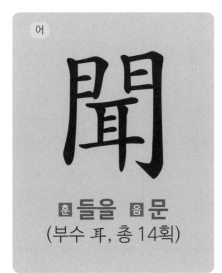

훈 **들을** 음 **문**
(부수 耳, 총 14획)

들을 문

들을 문

들을 문

생활 속 한자

- 나쁜 所聞(소문)을 퍼뜨리는 사람들이 있습니다.
- 이 학교는 우리나라에서 최고 학교로 名聞(명문)이 나 있습니다.

가르칠 훈

뜻은 **가르치다**이고, 훈이라고 읽어요.

말(言 말씀 언)로 상대방을 알아듣게 가르치는 모습에서 '가르치다'라는 뜻을 나타냅니다.

어

訓

훈 **가르칠** 음 **훈**
(부수 言, 총 10획)

가르칠 훈	가르칠 훈	가르칠 훈

↱ 흐린 색의 글씨를 따라 써보세요.

생활 속 한자

- 우리 집의 家訓(가훈)은 '용기와 정직'입니다.
- 독서를 통하여 즐거움과 教訓(교훈)을 얻을 수 있습니다.

말씀 언

💬 뜻은 **말씀**이고, **언**이라고 읽어요.

$$\text{ᔒ} \rightarrow \text{ᔒ} \rightarrow \text{ᔒ} \rightarrow \text{言}$$

辛(매울 신)과 口(입 구)가 합쳐진 글자로, 의심을 받고 있을 때, 죄를 받는 것을 전제로 말하는 모습에서 '말, 말씀'이라는 뜻을 나타냅니다.

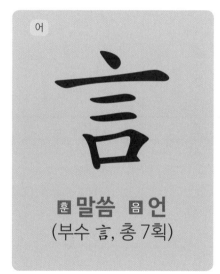

ⓐ

言

훈**말씀** 음**언**
(부수 言, 총 7획)

言	言	言
말씀 언	말씀 언	말씀 언

생활 속 한자

- 그는 자신의 言動(언동)을 깊이 반성 했습니다.
- 言語(언어)유희는 어린아이들의 단어 학습에 도움이 됩니다.

높을 고

뜻은 높다이고, 고라고 읽어요.

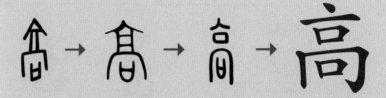

누각이 층층이 겹쳐져 높이 솟은 모습으로 윗부분은 비스듬한 지붕, 아랫부분은 누대, 가운데는 벽을 버티는 기둥과 여러 층을 구분하는 선을 나타낸 모습에서 '높다'라는 뜻을 나타냅니다.

훈 **높을** 음 **고**
(부수 高, 총 10획)

高	高	高
높을 고	높을 고	높을 고

→ 흐린 색의 글씨를 따라 써보세요.

생활 속 한자

- 자동차가 高速(고속)으로 주행하였습니다.
- 제품의 高級(고급)화 전략이 성공하였습니다.

익힐 습

뜻은 익히다이고, 습이라고 읽어요.

새가 매일 날고 있는 모습에서 '익히다, 습관'이라는 뜻을 나타냅니다.

어

習

_훈익힐 _음습
(부수 羽, 총 11획)

익힐 습	익힐 습	익힐 습

생활 속 한자

- 지웅이는 매일 방과 후에 自習室(자습실)에서 공부를 합니다.
- 오늘 學習(학습)은 세 시간이나 계속되었습니다.

글 장

뜻은 글이고, 장이라고 읽어요.

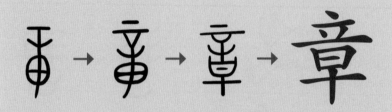

문신을 새기는 도구 끝 부분에 먹물을 머금고 글을 새기는 모습에서 '글'이라는 뜻을 나타냅니다.

어

章

훈 글 음 장
(부수 立, 총 11획)

글 장

글 장

글 장

→ 흐린 색의 글씨를 따라 써보세요.

생활 속 한자

■ 한 文章(문장)을 다 쓰고 점을 찍어 마쳤습니다.
■ 할머니는 圖章(도장)을 가지고 은행에 가셨습니다.

리듬 속 한자

챈트 음원은 시사중국어사 홈페이지 book.chinasisa.com에서 무료로 다운로드 하실 수 있습니다.

빈칸에 알맞은 한자를 써보세요.

||||| 평평하게 깎은 대나무 쪽이 가지런한 모습 **무리 등**

 실을 품질에 따라 등급 매기는 모습 **등급 급**

 발 하나가 동굴 입구로 들어가는 모습 **각각 각**

 칼로 옥을 두 조각 나눈 모습 **나눌 반**

 소리 내어 글을 읽는 모습 **읽을 독 / 구두 두**

 손에 붓을 들고 글을 쓰는 모습 **글 서**

 도끼로 땔나무를 베어 집으로 가져가는 모습 **새 신**

 문밖에서 들려오는 소리를 귀로 듣는 **들을 문**

 말로 상대방을 가르치는 모습 **가르칠 훈**

 죄를 받는 것을 말하는 **말씀 언**

 누각이 층층이 겹쳐 높이 솟은 **높을 고**

 매일 날고 있는 새의 모습 **익힐 습**

 문신을 새기는 도구로 글을 새기는 모습 **글 장**

40kg 만들기!

1 아래 14개의 저울 추가 있다. 10kg의 추에는 훈, 음이 적혀 있고, 5kg의 추에는 한자가 적혀 있다.

2 두 팀(사람)은 왼쪽 저울, 오른쪽 저울 중 하나씩 정한 후, '가위 바위 보'를 해서 이긴 팀(사람)이 아래의 추 중에서 하나를 고른다.

3 10kg의 추를 선택하면 자기 쪽 저울에 한자를 적고, 5kg의 추를 선택하면 해당하는 추의 음을 저울에 적는다.

4 저울의 빈칸에 맞게 적으면 해당 추의 무게만큼 무게가 채워진다.

5 먼저 40kg을 완성하는 팀(사람)이 승리한다.

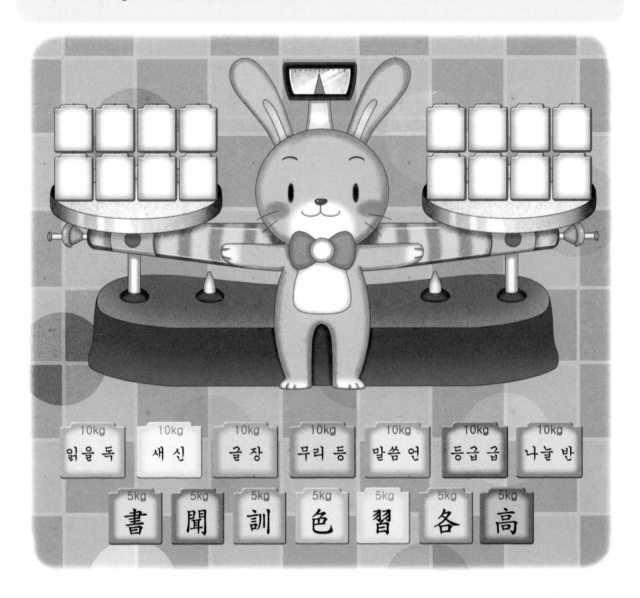

문제 속 한자

1 빈칸에 알맞은 훈(뜻)을 〈보기〉에서 골라 그 번호를 쓰세요.

> **보기**
>
> ① 읽다 ② 듣다 ③ 말씀
> ④ 배우다 ⑤ 익히다

(1) 言의 뜻은 ☐ 입니다.

(2) 讀의 뜻은 ☐ 입니다.

(3) 聞의 뜻은 ☐ 입니다.

(4) 習의 뜻은 ☐ 입니다.

2 아래 한자의 훈과 음을 빈칸에 쓰세요.

(1) 章 ☐

(2) 級 ☐

(3) 等 ☐

(4) 書 ☐

3 아래 훈과 음에 해당하는 한자를 빈칸에 쓰세요.

(1) 새 신 ☐ (2) 각각 각 ☐

(3) 높을 고 ☐ (4) 나눌 반 ☐

(5) 가르칠 훈 ☐

4 주어진 한자와 음이 같은 한자를 고르세요.

(1) 〔書〕 ① 日 ② 西 ③ 目 ④ 休 ☐

(2) 〔聞〕 ① 耳 ② 口 ③ 子 ④ 問 ☐

(3) 〔章〕 ① 長 ② 祖 ③ 重 ④ 面 ☐

(4) 〔空〕 ① 力 ② 安 ③ 功 ④ 内 ☐

5 한자와 뜻의 연결이 바르지 <u>않은</u> 것은?

(1) ① 世 – 세상 ② 車 – 수레 ☐
     ③ 住 – 살다 ④ 漢 – 강

(2) ① 母 – 어머니 ② 下 – 아래 ☐
     ③ 小 – 적다 ④ 中 – 가운데

(3) ① 夫 – 아버지 ② 事 – 일 ☐
     ③ 目 – 눈 ④ 入 – 들어가다

(4) ① 外 – 바깥 ② 兄 – 형 ☐
     ③ 水 – 물 ④ 四 – 여섯

6 훈과 음에 알맞은 한자를 보기에서 골라 빈칸에 쓰세요.

> **보기** 弟 學 靑 教

(1) 가르칠 교 ☐

(2) 배울 학 ☐

(3) 푸를 청 ☐

(4) 아우 제 ☐

1 다음 밑줄 친 漢字語의 讀音을 쓰세요.

> 보기 漢字 → 한자

(1) 모든 사람은 平等합니다. (   )

(2) 各界의 도움으로 난관을 극복했습니다.
(   )

(3) 매일 新聞에 실리는 시사 해설을 읽는
것은 제게 큰 도움을 줍니다. (   )

(4) '착한 마음, 부지런한 몸' 이것이 우리 반
의 級訓입니다. (   )

(5) 글을 잘 쓰기 위해서는 먼저 讀書를 많
이 해야 합니다. (   )

2 다음 漢字의 訓과 音을 쓰세요.

> 보기 字 → 글자 자

(1) 讀 (   ) (2) 習 (   )
(3) 訓 (   ) (4) 班 (   )
(5) 級 (   ) (6) 等 (   )
(7) 章 (   ) (8) 聞 (   )

3 다음 밑줄 친 漢字語의 漢字를 쓰세요.

> 보기 국어 → 國語

(1) 백기를 들고 항복합니다. (   )

(2) 산수는 기초적인 셈법을 말합니다.
(   )

(3) 우리는 같은 날 동시에 출발합니다.
(   )

4 다음 (   )에 알맞은 漢字를 〈보기〉에서 찾
아 그 번호를 쓰세요.

> 보기 ① 級 ② 訓 ③ 言 ④ 聞

(1) ☐民正音 : 세종임금이 창제한
글자인 한글의 옛 이름.

(2) 一口二☐ : 한 입으로 두 말을 함.
말을 이랬다 저랬다 함.

5 다음 漢字와 뜻이 비슷한 漢字를 골라 그
번호를 쓰세요.

(1) 敎 : ① 言 ② 聞 ③ 訓 ④ 書 ☐

(2) 文 : ① 等 ② 章 ③ 班 ④ 習 ☐

6 다음 중 소리는 같으나 뜻이 다른 漢字를 골
라 그 번호를 쓰세요.

(1) 聞 : ① 書 ② 問 ③ 班 ④ 各 ☐

(2) 新 : ① 言 ② 訓 ③ 信 ④ 等 ☐

7 다음 漢字語의 뜻을 풀이하세요.

> 보기 國力 → 나라의 힘

(1) 新聞 :

(2) 訓育 :

8 다음 漢字의 짙게 표시한 획은 몇 번째 쓰
는 획인지 숫자로 쓰세요.

(1) 書 ☐   (2) 習

54

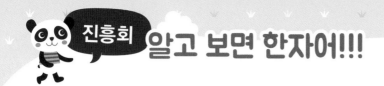
對話
대할 **대** 말씀 **화**

마주 대하여 이야기를 주고 받음
예 그와 나는 깊은 對話(대화)를 나누었습니다.

朗誦
밝을 **낭** 욀 **송**

글을 소리 내어 외우거나 읽음
예 학생들은 돌아가면서 자신의 자작시를 朗誦(낭송)하였습니다.

暗誦
어두울 **암** 욀 **송**

글을 보지 아니하고 소리 내어 외움
예 내가 열 편의 시를 연달아 暗誦(암송)하니 모두들 놀랐습니다.

理由
다스릴 **이** 말미암을 **유**

어떠한 결과에 이르게 된 까닭
예 그에게는 그럴 만한 理由(이유)가 충분히 있습니다.

理解
다스릴 **이** 풀 **해**

사리를 분별하여 해석함
예 선생님의 설명을 들으니 理解(이해)가 잘 되었습니다.

標語
표할 **표** 말씀 **어**

의견이나 주장 등을 알리기 위하여 간결하게 표현한 짧은 어구
예 자연 보호에 관한 標語(표어)를 지어봅시다.

表現
겉 **표** 나타날 **현**

겉으로 드러내어 나타냄
예 그는 자신의 의사를 분명하게 表現(표현)할 줄 압니다.

승빈이는 한옥마을로 체험 학습을 갔어요. 한옥은 우리나라의 전통 가옥인데, 한옥마을에는 많은 한옥이 있었어요. 한옥마을 골목으로 들어서자 우리나라의 고(古)전 의(衣)상인 한복(服)을 입고 골목을 누비는 사람들도 많았어요.

집집마다 대문 앞에는 문패가 붙어 있고, 문패에는 집주인의 이름이 써 있었어요. 승빈이는 문패에 써 있는 한자를 읽으려고 몰두(頭)하며, 곰곰이 생각해보니 배웠던 한자여서 어떤 성씨의 가문이 사는지 쉽게 알 수가 있었어요.

"이 집은 손(孫)씨, 이(李)씨, 저 집은 박(朴)씨, 황(黃)씨가 사는 집이구나."

집안으로 직접 들어갈 수는 없었지만, 밖에서 안쪽을 들여다 볼 수 있는 창(窓)문이 있어서 밖에서 구경을 할 수가 있었어요. 또 한옥에는 정(庭)원(園)이 아기자기하게 꾸며져 있어서 많은 사람들이 기념 사진을 찍었어요. 한옥마을 체험을 마치고 나니 배가 고파져서 승빈이네 반은 한옥으로 된 한식 식당(堂)에 들어갔어요. 한옥 식당에서 밥을 먹으니 반찬투정을 하던 토팡이도 예(例)외 없이 맛있게 먹었어요. 그 모습을 본 승빈이는 뿌듯했어요.

한자 예고편

그림 속에 숨어있는 한자들을 찾아보세요.

孫 손자 (손)	李 오얏/성 (리/이)	朴 성/순박할 (박)
黃 누를 (황)	堂 집 (당)	庭 뜰 (정)
園 동산 (원)	例 법식 (례/예)	窓 창 (창)
衣 옷 (의)	服 옷 (복)	頭 머리 (두)
古 예 (고)		

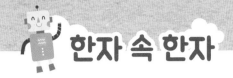

손자 손

🗨 뜻은 손자이고, 손이라고 읽어요.

孖 → 孚 → 孫 → 孫

子(아들 자)와 系(이을 계)로 이루어진 글자로, 아들을 잇는 것은 아들이므로 '손자'라는 뜻을 나타냅니다.

어

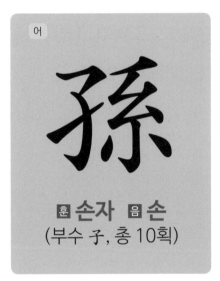

훈 손자 음 손
(부수 子, 총 10획)

孫	孫	孫
손자 손	손자 손	손자 손

➜ 흐린 색의 글씨를 따라 써보세요.

생활 속 한자

■ 할아버지께서는 孫子(손자)들을 데리고 산책을 하십니다.

■ 조상들의 생활 방식이 後孫(후손)들에게 이어지고 있습니다.

오얏/성 리(이)

뜻은 오얏, 성이고, 리(이)라고 읽어요.

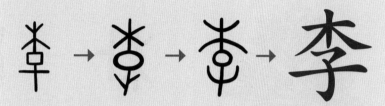

앵두에 속하는 갈잎 작은 큰 키 나무 모습에서 '오얏'이라는 뜻을 나타냅니다. 오늘날은 주로 성씨(姓氏) 중 하나의 뜻으로 사용되고 있습니다.

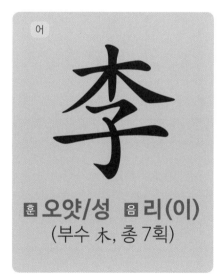

어

훈 **오얏/성** 음 **리(이)**
(부수 木, 총 7획)

오얏/성 리(이) | 오얏/성 리(이) | 오얏/성 리(이)

생활 속 한자 *'李'가 단어의 맨 앞에 올 때는 '이'라고 읽어요. 예 李朝(이조), 李太白(이태백)

- 누나는 李花(이화)여자대학교 학생입니다.
- 선배는 옷 몇 가지를 빼서 行李(행리)를 가벼이 했습니다.

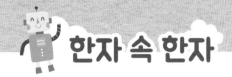

성/순박할 박

뜻은 성, 순박하다이고, 박이라고 읽어요.

나무 껍질이 갈라져 자연 그대로인 모습에서 '순박하다'라는 뜻을 나타냅니다. 오늘날은 주로 성씨(姓氏) 중 하나의 뜻으로 사용되고 있습니다.

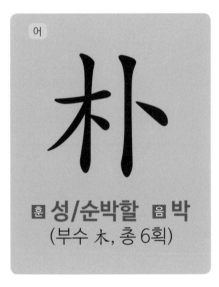

어

朴

훈 성/순박할 음 박
(부수 木, 총 6획)

성/순박할 박	성/순박할 박	성/순박할 박

➜ 흐린 색의 글씨를 따라 써보세요.

생활 속 한자

- 우리나라에는 朴氏(박씨)가 참 많습니다.
- 마당에 놓여진 항아리들이 古朴(고박)합니다.

누를 황

뜻은 누르다(누렇다)이고, 황이라고 읽어요.

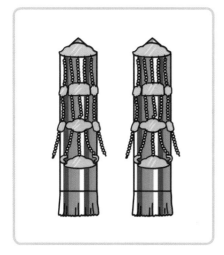

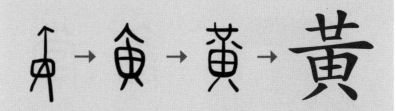

옛날 황제들이 차는 장신구인 패옥의 색깔에서 '누르다(누렇다)'라는 뜻을 나타냅니다.

훈 **누를** 음 **황**
(부수 黃, 총 12획)

누를 황

누를 황

누를 황

생활 속 한자

- 이곳은 黃土(황토) 땅이라 고구마를 심기에 적당합니다.
- 黃金(황금) 같은 추석 연휴를 즐겁게 보냈습니다.

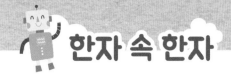
집 당

뜻은 **집**이고, **당**이라고 읽어요.

鼏 → 堂 → 堂 → 堂

의식을 행하거나 집회를 행하기 위해 흙을 높이 쌓은 터전에 지은 집의 모습에서 '집'이라는 뜻을 나타냅니다.

어

堂

훈 **집** 음 **당**
(부수 土, 총 11획)

堂	堂	堂
집 당	집 당	집 당

→ 흐린 색의 글씨를 따라 써보세요.

생활 속 한자

- 食堂(식당)에 손님이 많아 빈자리가 없습니다.
- 이곳은 예로부터 明堂(명당)자리로 유명합니다.

뜰 정

뜻은 뜰이고, 정이라고 읽어요.

집 안(广 엄 호)에 뜰이 있는 모습에서 '뜰'이라는 뜻을 나타냅니다.

어

훈 뜰 음 정
(부수 广, 총 10획)

뜰 정	뜰 정	뜰 정

생활 속 한자

- 오늘은 담임 선생님께서 우리 집에 家庭(가정) 방문을 오셨습니다.
- 식목일 날 庭園(정원)에 나무를 몇 그루 심었습니다.

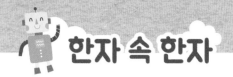

동산 원

뜻은 동산이고, 원이라고 읽어요.

일정하게 경계를 둘러 만들어 놓은 작은 산이나 숲의 모습에서 '동산'이라는 뜻을 나타냅니다.

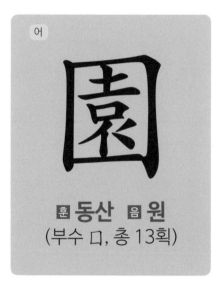

園

어

훈 동산 음 원
(부수 囗, 총 13획)

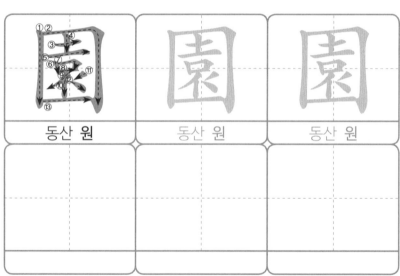

동산 원　　동산 원　　동산 원

➜ 흐린 색의 글씨를 따라 써보세요.

생활 속 한자

■ 주말에 동생과 함께 놀이 公園(공원)에 다녀왔습니다.
■ 이곳이야말로 살기 좋은 樂園(낙원)입니다.

법식 례(예)

뜻은 법식이고, 례(예)라고 읽어요.

例 → 例 → 例

일정한 방식에 따라 늘어선 사람들의 모습에서 '법식'
이라는 뜻을 나타냅니다.

어

例

훈 **법식** 음 **례(예)**
(부수 亻, 총 8획)

법식 례(예)	법식 례(예)	법식 례(예)

생활 속 한자

- 다음 例文(예문)을 읽고 물음에 답하시오.
- 이번 일은 例事(예사)스럽게 넘길 일은 아닙니다.

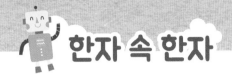

창 창

뜻은 창이고, 창이라고 읽어요.

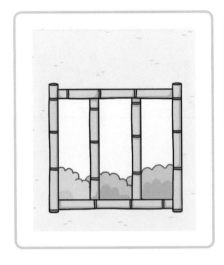

옛날에 대나무로 간단하게 만든 창틀의 모양에서 '창'
이라는 뜻을 나타냅니다.

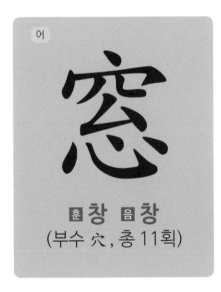

어

窓

훈 **창** 음 **창**
(부수 穴, 총 11획)

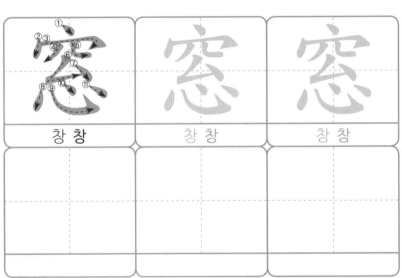

窓	窓	窓
창 창	창 창	창 창

→ 흐린 색의 글씨를 따라 써보세요.

생활 속 한자

- 窓門(창문) 밖으로 빛이 새어 나왔습니다.
- 갑자기 몰려든 손님 때문에 窓口(창구)가 혼잡해졌습니다.

옷 의

뜻은 옷이고, 의라고 읽어요.

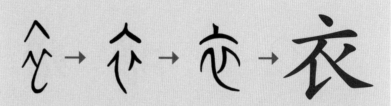

웃옷의 옷깃을 빳빳이 세운 모양에서 '옷'이라는 뜻을
나타냅니다.

어

衣

훈**옷** 음**의**
(부수 衣, 총 6획)

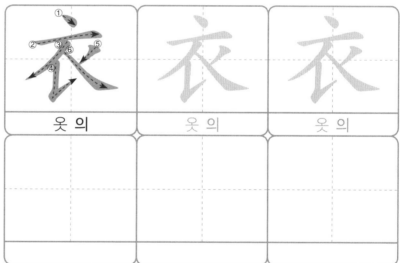

옷 의

옷 의

옷 의

생활 속 한자

- 上衣(상의)는 잘 맞지만 下衣(하의)는 잘 맞지 않습니다.
- 衣食住(의식주)는 인간 생활의 세 가지 기본 요소입니다.

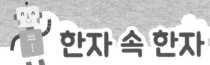
옷 복

 뜻은 옷이고, 복이라고 읽어요.

服 → 服 → 服 → 服

배를 저어 앞으로 나가도록 다스리는 모습과 몸을 다스려 보호한다는 '옷'의 의미가 합해져 '옷을 입다'라는 뜻을 나타냅니다.

어

服

훈 옷 음 복
(부수 月, 총 8획)

服	服	服
옷 복	옷 복	옷 복

→ 흐린 색의 글씨를 따라 써보세요.

생활 속 한자

■ 약을 服用(복용)할 때는 설명서를 꼭 읽어야 합니다.

■ 옷장에는 다양한 衣服(의복)이 걸려 있습니다.

머리 두

🗨 뜻은 머리이고, 두라고 읽어요.

霝 → 頭 → 頭

'頁(머리 혈)'로 인해 목 윗 부분의 머리 모습에서 '머리'라는 뜻을 나타냅니다.

어

頭

훈 **머리** 음 **두**
(부수 頁, 총 16획)

頭 머리 두	頭 머리 두	頭 머리 두

생활 속 한자

- 口頭(구두)의 약속도 지켜야 합니다.
- 경찰이 잡은 사람은 도둑들의 頭目(두목)이었습니다.

예 고

🗨 뜻은 예(예전)이고, 고라고 읽어요.

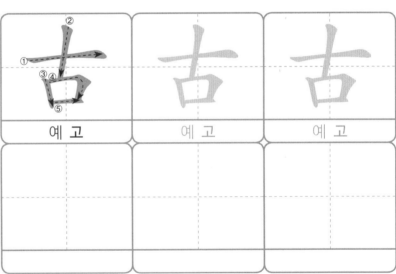

十(열 십)과 口(입 구)가 합해져 많은 사람들의 입을
거치는 모습에서 '예(예전)'이라는 뜻을 나타냅니다.

어

古

훈 **예** 음 **고**
(부수 口, 총 5획)

예 고	예 고	예 고

↳ 흐린 색의 글씨를 따라 써보세요.

생활 속 한자

- 그는 과연 古今(고금)에 드문 명궁수입니다.
- 이 마을에 지은 지 백 년이 넘는 古家(고가)가 몇 채 있습니다.

리듬 속 한자

챈트 음원은 시사중국어사 홈페이지 book.chinasisa.com에서 무료로 다운로드 하실 수 있습니다.

아들을 잇는 아들 **손자 손**

 갈잎 작은 큰 키 나무 **오얏/성 리(이)**

 나무 껍질이 갈라져 그대로인 모습 **성/순박할 박**

 황제의 장신구 패옥의 색깔 **누를 황**

 흙을 높이 쌓은 터전에 지은 집 **집 당**

 집 안의 뜰 **뜰 정**

 경계를 둘러 만든 작은 숲 **동산 원**

 일정한 방식에 따라 늘어선 사람들 **법식 례(예)**

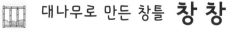 대나무로 만든 창틀 **창 창**

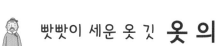 빳빳이 세운 옷 깃 **옷 의**

 배를 저어 앞으로 나가는 모습 **옷 복**

 목 위의 머리 **머리 두**

 많은 사람들의 입을 거치는 모습 **예 고**

숨겨진 한자를 찾아라!

1 아래 한자 밭에는 4개의 한자가 숨겨져 있다.

2 숨겨진 한자를 찾는 방법은 힌트 한자의 훈, 음을 보고, 해당하는 한자를 찾아서 색칠한다.

3 힌트의 한자를 모두 색칠하고 나면 4개의 색칠되지 않은 한자를 발견할 수 있다.

4 4개의 숨겨진 한자를 찾아서 한자밭 아래에 한자와 그 한자들의 훈, 음을 적는다. 단, 한자 4개는 2개씩 짝을 이루어 한자어가 되므로 한자어가 되도록 2개씩 짝을 지어 적고, 그 한자어의 뜻풀이도 적는다.

5 4개의 한자와 한자어의 뜻풀이까지 정확하게 먼저 완성하는 팀(사람)이 승리한다.

힌트 한자
손자 손, 들을 문, 오얏/성 리(이), 집 당, 법식 례(예), 높을 고, 누를 황
등급 급, 창 창, 머리 두, 예 고, 새 신, 무리 등, 성/순박할 박, 글 서

孫	等	朴	級	例	黃	李	庭	級	古
窓	古	新	等	書	新	堂	例	朴	孫
級	李	等	頭	黃	李	聞	新	黃	窓
堂	例	高	等	孫	例	高	堂	聞	書
例	等	古	書	李	孫	朴	孫	頭	等
新	聞	頭	聞	黃	頭	窓	高	新	聞
古	高	朴	古	孫	朴	李	黃	例	頭
堂	書	李	級	李	等	書	頭	堂	朴
窓	新	級	黃	園	堂	頭	朴	衣	例
高	黃	窓	例	堂	李	孫	古	黃	孫
黃	窓	頭	孫	朴	頭	堂	新	窓	級
等	新	堂	窓	書	聞	級	頭	等	堂
頭	書	黃	高	古	書	黃	朴	堂	李
聞	堂	服	李	書	朴	窓	堂	例	高
黃	古	頭	朴	孫	新	黃	例	頭	聞

한자:	한자:	한자:	한자:
훈음:	훈음:	훈음:	훈음:
뜻풀이:		뜻풀이:	

1 빈칸에 알맞은 훈(뜻)을 〈보기〉에서 골라 그 번호를 쓰세요.

> **보기**
> ① 집 ② 옷 ③ 머리 ④ 동산 ⑤ 손자

(1) 堂의 뜻은 [　] 입니다.

(2) 園의 뜻은 [　] 입니다.

(3) 頭의 뜻은 [　] 입니다.

(4) 孫의 뜻은 [　] 입니다.

2 아래 한자의 훈과 음을 빈칸에 쓰세요.

(1) 李 [　]

(2) 例 [　]

(3) 朴 [　]

(4) 窓 [　]

3 아래 훈과 음에 해당하는 한자를 빈칸에 쓰세요.

(1) 누를 황 [　]　(2) 옷 복 [　]

(3) 예 고 [　]　(4) 옷 의 [　]

(5) 뜰 정 [　]

4 주어진 한자와 음이 같은 한자를 고르세요.

(1) 〔字〕 ①足 ②自 ③休 ④孝 [　]

(2) 〔父〕 ①母 ②弟 ③夫 ④兄 [　]

(3) 〔四〕 ①事 ②直 ③便 ④有 [　]

(4) 〔中〕 ①祖 ②功 ③答 ④重 [　]

5 한자와 뜻의 연결이 바르지 <u>않은</u> 것은?

(1) ① 千 - 일천　　② 下 - 아래 [　]
　　③ 夏 - 가을　　④ 物 - 물건

(2) ① 木 - 나무　　② 先 - 뒤 [　]
　　③ 生 - 나다　　④ 土 - 흙

(3) ① 自 - 코　　② 道 - 길 [　]
　　③ 所 - 바/곳　　④ 子 - 아들

(4) ① 山 - 산　　② 室 - 학교 [　]
　　③ 門 - 문　　④ 王 - 임금

6 훈과 음에 알맞은 한자를 보기에서 골라 빈칸에 쓰세요.

> **보기** 西 女 年 軍

(1) 해 년 [　]

(2) 여자 녀 [　]

(3) 군사 군 [　]

(4) 서녘 서 [　]

실전 속 한자 어문회

1 다음 밑줄 친 漢字語의 讀音을 쓰세요.

> 보기 漢字 → 한자

(1) 할머니는 **孫女**를 안고 자장가를 불러
주었습니다. (   )

(2) **黃土**로 벽을 바른 이 집은 아늑한 느낌이
듭니다. (   )

(3) **先頭**가 뒤쫓아 오던 선수에게 따라잡혔
습니다. (   )

(4) 질서는 **例外**가 없습니다. (   )

(5) 지혜 많은 주인의 **所聞**이 온 나라에 퍼
졌습니다. (   )

2 다음 漢字의 訓과 音을 쓰세요.

> 보기 字 → 글자 자

(1) 孫 (   ) (2) 朴 (   )

(3) 堂 (   ) (4) 園 (   )

(5) 窓 (   ) (6) 例 (   )

(7) 頭 (   ) (8) 庭 (   )

3 다음 밑줄 친 漢字語의 漢字를 쓰세요.

> 보기 국어 → 國語

(1) <u>효도</u>는 우리 민족의 아름다운 전통입니다.
(   )

(2) 우리나라의 <u>국기</u>는 태극기입니다. (   )

(3) 일요일에 부모님과 함께 <u>등산</u>을 했습니다.
(   )

4 다음 (   )에 알맞은 漢字를 〈보기〉에서 찾
아 그 번호를 쓰세요.

> 보기 ① 衣 ② 黃 ③ 李 ④ 孫

(1) 白   民族 : 예로부터 흰 옷을 즐
겨 입는 우리 민족을 이르는 말

(2) 子   萬代 : 끝없이 이어가는 자손
의 여러 대, 자자손손

5 다음 漢字와 뜻이 비슷한 漢字를 골라 그
번호를 쓰세요.

(1) 衣 : ① 朴 ② 服 ③ 頭 ④ 園

6 다음 중 소리는 같으나 뜻이 다른 漢字를 골
라 그 번호를 쓰세요.

(1) 庭 : ① 園 ② 古 ③ 例 ④ 正

7 다음 漢字語의 뜻을 풀이하세요.

> 보기 國力 : 나라의 힘

(1) 堂堂 :

(2) 服用 :

8 다음 漢字의 짙게 표시한 획은 몇 번째 쓰
는 획인지 숫자로 쓰세요.

(1) 園   (2) 庭

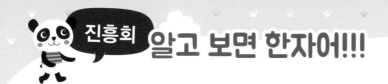

計 算
셀 **계** 셈 **산**

수량을 셈
예 수학 문제를 計算(계산)하여 답을 적었습니다.

圖 形
그림 **도** 모양 **형**

그림의 모양이나 형태
예 여러 圖形(도형)을 이용하여 그림을 그렸습니다.

分 數
나눌 **분** 셈 **수**

사물을 분별하는 지혜
예 그녀는 分數(분수)에 넘치는 생활을 하고 있습니다.

角
뿔 **각**

면과 면이 만나 이루어지는 모서리
예 사각형의 네 角(각)의 합은 360도 입니다.

邊
가 **변**

물체나 장소 따위의 가장자리
예 한강 邊(변) 위에는 아파트가 많습니다.

半
반 **반**

둘로 똑같이 나눈 것의 한 부분
예 사과를 동생과 함께 半(반)으로 나누어 먹었습니다.

式
법 **식**

계산을 하기 위해 세우는 법칙
예 응용문제를 풀 때는 먼저 式(식)을 써 보아야 합니다.

승빈이와 가족들은 일찍 조(朝)식을 먹고 놀이공원에 갔어요. 승빈이는 작(昨)년부터 놀이공원에 와보고 싶었어요. 놀이공원에는 재미있는 놀이 기구들이 많지만, 승빈이가 가장 가보고 싶었던 곳은 바로 '제(第)1호 신비의 방'이에요. 지난주부터 운행을 개(開)시(始)한 '신비의 방'은 '우주 여행'을 경험해 볼 수 있는 곳이어서 인기가 아주 많아요. 승빈이가 요즘 주(晝)야(夜)로 즐겨 보는 책이 '우주 여행'이라서 승빈이는 '신비의 방'에 빨리 들어가 보고 싶었어요.

승빈이와 토팡이가 '신비의 방'으로 들어가 의자에 앉아서 안전벨트를 메니 우주선은 급(急)속(速)도로 지구를 떠나 우주로 향했어요. 블랙홀로 빨려 들어가자 사막이 나오고, 사막에는 동물들이 뛰어다니고, 반(反)대 방향으로 블랙홀을 빠져나오니 끝도 없는 층계로 된 폭포가 있어요. 폭포를 지나 엄청난 용광로로 이루어진 별들과 날아다니는 돌들로 가득한 우주를 여행한 후에 지구로 돌아왔어요. 우주는 현(現)재(在), 과거, 미래가 공존하는 곳 같다는 생각도 들었어요.

승빈이와 토팡이는 놀이공원에서 신나게 놀고 집으로 왔어요. 승빈이는 자려고 잠자리에 들었지만 지금(今)도 우주선을 타고 있는 기분 탓에 잠을 이루지 못하고 있어요.

한자 예고편 그림 속에 숨어있는 한자들을 찾아보세요.

現 나타날 (현)	在 있을 (재)	昨 어제 (작)
今 이제 (금)	開 열 (개)	始 비로소 (시)
急 급할 (급)	速 빠를 (속)	朝 아침 (조)
晝 낮 (주)	夜 밤 (야)	第 차례 (제)
反 돌이킬 (반)		

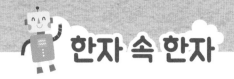

나타날 현

뜻은 **나타나다**이고, **현**이라고 읽어요.

現 → 現 → 現

옥(玉 구슬 옥)을 갈아 고운 빛이 나게 하는 모습에서 '나타나다'라는 뜻을 나타냅니다. 또한, '지금, 현재'라는 뜻으로도 쓰입니다.

어

現

훈 **나타날** 음 **현**
(부수 玉, 총 11획)

現	現	現
나타날 현	나타날 현	나타날 현

➜ 흐린 색의 글씨를 따라 써보세요.

생활 속 한자

- 10층 석탑이 있는 現場(현장)으로 답사를 떠났습니다.
- 現在(현재) 시각은 오전 10시입니다.

있을 재

뜻은 **있다**이고, **재**라고 읽어요.

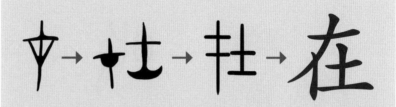

才(재주 재)와 土(흙 토)가 합쳐진 글자로, 흙으로 물 등을 막아 멈추어 있게 하는 모습에서 '있다'라는 뜻을 나타냅니다.

어

훈 **있을** 음 **재**
(부수 土, 총 6획)

있을 재 · 있을 재 · 있을 재

생활 속 한자

- 그는 在野(재야)에 묻힌 학자였습니다.
- 사촌 언니는 지금 대학교에 在學(재학) 중에 있습니다.

어제 작

뜻은 어제이고, 작이라고 읽어요.

昨 → 昨 → 昨

해가 지고 다시 뜨니 오늘의 바로 앞 날(日 날 일)인
'어제'라는 뜻을 나타냅니다.

어

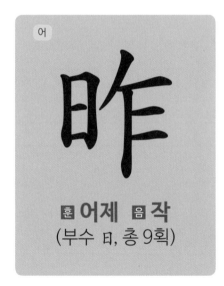

훈 **어제** 음 **작**
(부수 日, 총 9획)

昨	昨	昨
어제 작	어제 작	어제 작

→ 흐린 색의 글씨를 따라 써보세요.

생활 속 한자

- 올해 여름은 昨年(작년) 여름보다 덥습니다.
- 昨今(작금)의 경제가 안팎으로 어려움에 부딪쳤습니다.

이제 금

뜻은 이제이고, 금이라고 읽어요.

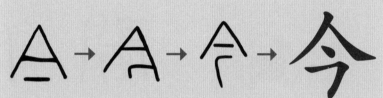

옛날에 명령을 내릴 때 사용된 방울이나 목탁의 모습에서 '이제'라는 뜻을 나타냅니다.

훈 **이제** 음 **금**
(부수 人, 총 4획)

이제 금	이제 금	이제 금

생활 속 한자

- 현서의 피아노 연주는 今方(금방) 끝났습니다.
- 今年(금년) 농사는 평년 수준에 머물렀습니다.

열 개

뜻은 **열다**이고, **개**라고 읽어요.

閆 → 開 → 開

두 짝의 문 사이에서 양손으로 빗장을 풀고 있는 모습에서 '열다'라는 뜻을 나타냅니다.

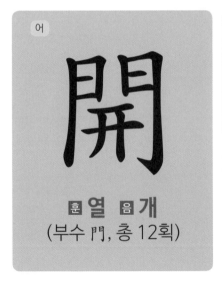

훈 **열** 음 **개**
(부수 門, 총 12획)

開	開	開
열 개	열 개	열 개

↳ 흐린 색의 글씨를 따라 써보세요.

생활 속 한자

■ 단군왕검이 고조선을 開國(개국)하였습니다.

■ 봄을 알리는 꽃들이 開花(개화)를 시작하였습니다.

비로소 시

뜻은 비로소이고, 시라고 읽어요.

𦥑 → 㜪 → 始

사람은 누구나 여자의 뱃속으로부터 태어나 살기 시작하는 것에서 '비로소(처음)'라는 뜻을 나타냅니다.

어

始

훈 **비로소** 음 **시**
(부수 女, 총 8획)

始 비로소 시	始 비로소 시	始 비로소 시

생활 속 한자

- 삼촌은 승용차의 始動(시동)을 걸고 출발하였습니다.
- 동명성왕은 고구려의 始祖(시조)입니다.

급할 급

뜻은 급하다이고, 급이라고 읽어요.

急 → 急 → 急

心(마음 심)과 及(미칠 급)이 합쳐진 글자로, 남을 쫓아 따라가려는 마음을 나타낸 모습에서 '급하다'라는 뜻을 나타냅니다.

훈 **급할** 음 **급**
(부수 心, 총 9획)

急	急	急
급할 급	급할 급	급할 급

→ 흐린 색의 글씨를 따라 써보세요.

생활 속 한자

■ 그는 急所(급소)를 맞고 기절했습니다.

■ 이번 경기에 대한 적절한 대책 마련이 時急(시급)합니다.

빠를 속

뜻은 **빠르다**이고, 속이라고 읽어요.

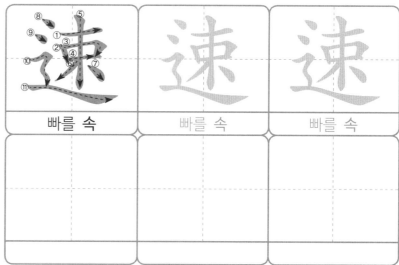

나무를 묶어 놓은 짐(束 묶을 속)을 지고 길(辶(=辵 쉬엄쉬엄 갈 착)을 빨리 가는 모습에서 '빠르다'라는 뜻을 나타냅니다.

어

速

훈 **빠를** 음 **속**
(부수 辶, 총 11획)

빠를 속	빠를 속

빠를 속

생활 속 한자

- 두 나라 사이는 이 사건으로 急速(급속)히 냉각되었습니다.
- 기차는 서서히 速力(속력)을 늦추기 시작했습니다.

아침 조

🗨 뜻은 **아침**이고, **조**라고 읽어요.

朝 → 朝 朝 → 朝 → 朝

해가 풀숲 사이에서 올라가는 때에 달이 아직 지지 않은 모습에서 '아침'이라는 뜻을 나타냅니다.

어

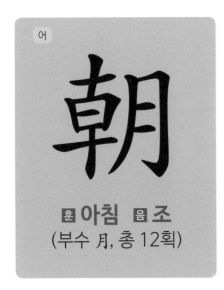

훈 **아침** 음 **조**
(부수 月, 총 12획)

朝	朝	朝
아침 조	아침 조	아침 조

➜ 흐린 색의 글씨를 따라 써보세요.

생활 속 한자

- 아버지는 하루도 빠짐없이 할머니께 *朝夕*(조석)으로 문안을 드립니다.
- 나는 조선 *王朝*(왕조)의 역사와 문화를 배웠습니다.

낮 주

뜻은 낮이고, 주라고 읽어요.

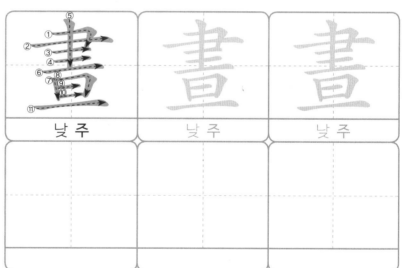

손에 잡힌 붓(聿 붓 율)으로 그린 해(日 날 일)가 한 (一 한 일)폭에 담긴 밝은 낮을 나타내는 모습에서 '낮'이라는 뜻을 나타냅니다.

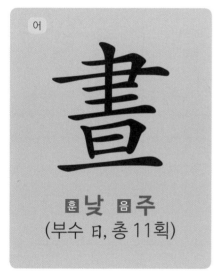

훈 낮 음 주
(부수 日, 총 11획)

낮 주

낮 주

낮 주

생활 속 한자

- 白晝(백주)에 대로에서 벌어진 사건은 많은 사람들을 놀라게 했습니다.
- 은행이나 우체국은 대개 晝間(주간)에만 업무를 합니다.

밤 야

뜻은 밤이고, 야라고 읽어요.

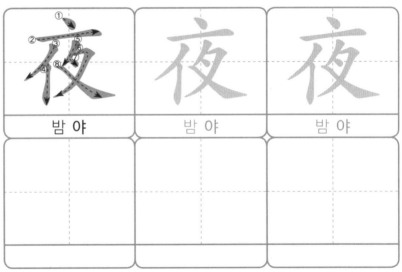

夕(저녁 석)과 亦(또 역)이 합쳐진 글자로, 달이 사람의 겨드랑이 사이에 감추어진 모습에서 '밤'이라는 뜻을 나타냅니다.

어

夜

훈 밤 음 야
(부수 夕, 총 8획)

밤 야	밤 야	밤 야

→ 흐린 색의 글씨를 따라 써보세요.

생활 속 한자

- 우리는 夜間(야간)열차를 타고 여행지로 갔습니다.
- 밤늦게 夜食(야식)하는 습관은 좋지 않습니다.

차례 제

뜻은 **차례**이고, **제**라고 읽어요.

第

옛날에 종이를 대신해 대나무(竹 대나무 죽)로 엮었던 책의 앞과 뒤의 차례를 나타낸 모습에서 '차례'라는 뜻을 나타냅니다.

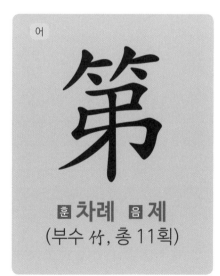

훈 **차례** 음 **제**
(부수 竹, 총 11획)

第	第	第
차례 **제**	차례 제	차례 제

생활 속 한자

- 현민이는 세계 第一(제일)의 화가가 되기 위해 노력할 것입니다.
- 이것은 우리의 문제이니 第三者(제삼자)는 상관하지 마십시오.

돌이킬 반

뜻은 **돌이키다**이고, **반**이라고 읽어요.

反 → 反 → 反 → 反

손으로 절벽을 기어올라가는 모습에서 '돌이키다'라는 뜻을 나타냅니다.

어

反

훈 **돌이킬** 음 **반**
(부수 又, 총 4획)

②③④① 反	反	反
돌이킬 반	돌이킬 반	돌이킬 반

→ 흐린 색의 글씨를 따라 써보세요.

생활 속 한자

■ 나는 그 질문을 나 자신에게 反問(반문)해 보았습니다.

■ 그녀는 자신의 잘못을 깊이 反省(반성)하였습니다.

리듬 속 한자

빈칸에 알맞은 한자를 써보세요.

챈트 음원은 시사중국어사 홈페이지 book.chinasisa.com에서 무료로 다운로드 하실 수 있습니다.

 옥을 갈아 고운 빛이 나는 모습 **나타날 현**

 흙으로 물을 막아 멈추어 있는 모습 **있을 재**

 해가 지고 다시 뜨니 어제 **어제 작**

 명령 할 때 사용한 방울이나 목탁 **이제 금**

 문의 빗장을 풀고 있는 모습 **열 개**

 여자의 뱃속에서부터 태어나 사는 모습 **비로소 시**

 남을 쫓아 따라가려는 마음 **급할 급**

 나무 짐을 지고 길을 빨리 가는 모습 **빠를 속**

 풀숲 사이로 해가 뜨는 아침 **아침 조**

 붓으로 그린 해가 밝은 낮 **낮 주**

 겨드랑이 사이에 감추어진 달 **밤 야**

 대나무로 엮은 책의 차례 **차례 제**

 손으로 절벽을 기어올라가는 모습 **돌이킬 반**

시간을 맞춰라!

1 아래 큰 시계판에 한자가 들어있다.

2 두 팀(사람)이 '가위 바위 보'를 해서 이긴 팀(사람)이 큰 시계판에 적혀 있는 한자 중에서 하나를 골라 한자의 훈, 음을 말하고 적는다.

3 시계의 빈칸을 모두 알맞게 채우고, 큰 시계판의 한자를 참고하여 작은 알람 시계의 시침과 분침이 가리키는 숫자의 한자와 음을 적고, 한자를 한자어로 완성하여 뜻풀이를 적는다.

예) 3 : 35 → 昨 : 今, 작금, 어제와 오늘

4 시계판의 빈칸과 알람 시간표를 먼저 완성하는 팀(사람)이 승리한다.

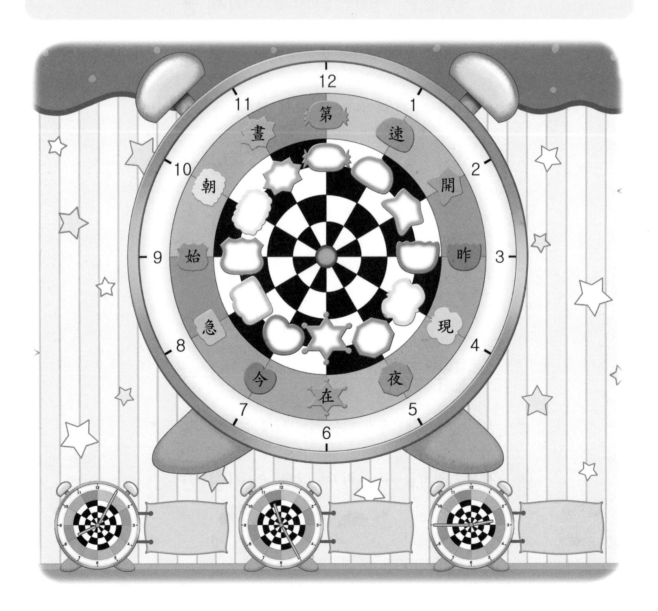

문제 속 한자

1 빈칸에 알맞은 훈(뜻)을 〈보기〉에서 골라 그 번호를 쓰세요.

> 보기
>
> ① 밤　　② 급하다　　③ 나타나다
>
> ④ 빠르다　　⑤ 낮

(1) 現의 뜻은 ☐ 입니다.

(2) 急의 뜻은 ☐ 입니다.

(3) 速의 뜻은 ☐ 입니다.

(4) 晝의 뜻은 ☐ 입니다.

2 아래 한자의 훈과 음을 빈칸에 쓰세요.

(1) 夜 ☐

(2) 第 ☐

(3) 朝 ☐

(4) 開 ☐

3 아래 훈과 음에 해당하는 한자를 빈칸에 쓰세요.

(1) 있을 재 ☐　　(2) 비로소 시 ☐

(3) 이제 금 ☐　　(4) 돌이킬 반 ☐

(5) 어제 작 ☐

4 주어진 한자와 음이 같은 한자를 고르세요.

(1) 〔南〕 ① 王 ② 軍 ③ 敎 ④ 男 ☐

(2) 〔金〕 ① 今 ② 土 ③ 長 ④ 靑 ☐

(3) 〔弟〕 ① 面 ② 第 ③ 出 ④ 住 ☐

(4) 〔木〕 ① 耳 ② 民 ③ 目 ④ 十 ☐

5 한자와 뜻의 연결이 바르지 <u>않은</u> 것은?

(1) ① 正 - 바르다　② 七 - 일곱 ☐
　　③ 活 - 살다　　④ 左 - 오른쪽

(2) ① 秋 - 가을　　② 六 - 다섯 ☐
　　③ 然 - 그러하다 ④ 安 - 편안하다

(3) ① 市 - 고을　　② 紙 - 종이 ☐
　　③ 直 - 곧다　　④ 八 - 여덟

(4) ① 九 - 아홉　　② 手 - 털 ☐
　　③ 口 - 입　　　④ 動 - 움직이다

6 훈과 음에 알맞은 한자를 보기에서 골라 빈칸에 쓰세요.

> 보기　世　生　車　五

(1) 다섯 오 ☐

(2) 날 생 ☐

(3) 수레 거(차) ☐

(4) 인간 세 ☐

실전 속 한자 _{어문회}

1 다음 밑줄 친 漢字語의 讀音을 쓰세요.

> 보기 漢字 → 한자

(1) 인도에서 急速히 뛰면 위험합니다. (　　)

(2) 우리는 저녁을 먹고 夜市場을 구경하려고 호텔을 나왔습니다. (　　)

(3) 現在로서는 결과를 예측할 수 없습니다. (　　)

(4) 그는 매일 朝夕으로 부모님께 전화를 드립니다. (　　)

(5) 아이들이 여기저기에서 웅성거리기 始作합니다. (　　)

2 다음 漢字의 訓과 音을 쓰세요.

> 보기 字 → 글자 자

(1) 昨 (　　) (2) 現 (　　)

(3) 急 (　　) (4) 開 (　　)

(5) 晝 (　　) (6) 第 (　　)

(7) 夜 (　　) (8) 速 (　　)

3 다음 밑줄 친 漢字語의 漢字를 쓰세요.

> 보기 국어 → 國語

(1) 옛 농부들은 콩을 심을 때 세 알씩 심었다고 합니다. (　　)

(2) 전기는 현대 생활을 편리하게 만들어 주는 에너지입니다. (　　)

(3) 가야는 왕이 없이 아홉 명의 촌장이 나라를

다스리고 있었습니다. (　　)

4 다음 漢字의 반대 또는 상대되는 글자를 골라 그 번호를 쓰세요.

(1) 朝 : ① 反 ② 今 ③ 在 ④ 夕 □

(2) 晝 : ① 速 ② 夜 ③ 始 ④ 第 □

5 다음 (　)에 알맞은 漢字를 〈보기〉에서 찾아 그 번호를 쓰세요.

> 보기 ① 昨 ② 在 ③ 反 ④ 晝

(1) 人命 □ 天 : 사람의 목숨이 다 하늘에 달려 있음.

(2) □ 夜長川 : 밤낮으로 쉬지 않고 늘 잇따름.

6 다음 중 소리는 같으나 뜻이 다른 漢字를 골라 그 번호를 쓰세요.

(1) 始 : ① 現 ② 朝 ③ 時 ④ 急 □

(2) 晝 : ① 開 ② 主 ③ 在 ④ 反 □

7 다음 漢字語의 뜻을 풀이하세요.

> 보기 國力 : 나라의 힘

(1) 晝間 :

(2) 昨年 :

8 다음 漢字의 짙게 표시한 획은 몇 번째 쓰는 획인지 숫자로 쓰세요.

(1) 晝 □ (2) 急 □

點
점 **점**

작고 둥글게 찍은 표, 문장 부호
예 동생과 나는 닮은 點(점)이 많이 있습니다.

差
다를 **차**

서로 다른 정도
예 7과 5의 差(차)는 2입니다.

合
합할 **합**

여럿이 한데 모임, 또는 여럿을 한데 모음
예 두 수의 合(합)을 구해 봅시다.

表
겉 **표**

어떤 내용을 일정한 형식과 순서에 따라 보기 쉽게 나타낸 것
예 가로 7칸, 세로 5칸의 表(표)를 그렸습니다.

垂 直
드리울 **수** 곧을 **직**

서로 직각을 이루는 상태
예 연기가 하늘을 향해 垂直(수직)으로 피어 올랐습니다.

順 序
순할 **순** 차례 **서**

정해진 차례
예 이 글의 내용은 시간 順序(순서)에 따라 재구성한 것입니다.

時 間
때 **시** 사이 **간**

어떤 시각에서 어떤 시각까지의 사이
예 그 문제는 時間(시간)이 해결할 것입니다.

승빈이가 집에서 숙제를 하고 있는데 전화가 왔어요. 전화를 받아보니, 승빈이가 응모한 행사에 당첨이 되었다는 전화였어요. 지난달, 승빈이는 '어린이 과학 잡지'에 실린 특(特)집(集) 기사 중 자동차회사에서 '새로 나온 자동차를 타 볼 수 있는 시승권 응모' 내용을 보고 응모를 했어요. 그 행사에 응모한 사람이 워낙 많아서 그 자동차회사에서는 공(公)정(定)한 과정을 거쳐서 단 두 사람만 뽑았는데, 바로 그 두 사람이 승빈이와 토팡이가 됐어요. 이런 행(幸)운(運)이 오다니!! 승빈이는 정말 뛸 듯이 기뻤어요.

승빈이와 토팡이는 자동차 행사장에 도착해서 당첨된 이(理)유(由)와 운전할 때의 주(注)의 사항에 대해 들었어요. 승빈이와 토팡이가 타 볼 새로 나온 자동차는 덮개가 없는 멋진 빨간 자동차예요. 승빈이는 아무 계(計)획 없이 왔지만 너무너무 신이 났어요. 승빈이가 시동을 걸자 자동차가 쌩~ 하고 달리기 시작했어요. 한참을 달리다가 토팡이 붕붕우산을 펼치니 자동차가 날기 시작했어요. 자동차 아래로 학교도 보이고, 승빈이 집과 놀이공원도 보였어요. 토팡이도 신이 났어요. 이렇게 한참을 운전을 하고 다시 행사장에 도착했어요. 승빈이와 토팡이는 멋진 자동차 모형을 선물로 받고, 집으로 돌아왔어요.

 한자 예고편   그림 속에 숨어있는 한자들을 찾아보세요.

幸 다행 (행)   運 옮길 (운)   理 다스릴 (리/이)
由 말미암을 (유)   公 공평할 (공)   定 정할 (정)
特 특별할 (특)   集 모을 (집)   計 셀 (계)
注 부을/물댈 (주)

다행 행

뜻은 다행이고, 행이라고 읽어요.

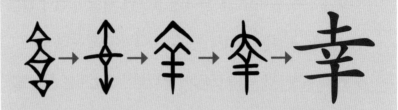

생명이 위태로워 거의 죽게(夭 일찍 죽을 요)되었다가, 갑자기 거꾸로(屰 거꾸로 역) 어떤 도움을 받아 목숨을 건진 모습에서 '다행'이라는 뜻을 나타냅니다.

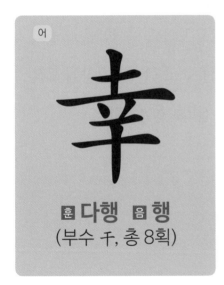

어

幸

훈 **다행** 음 **행**
(부수 干, 총 8획)

다행 행　　다행 행　　다행 행

➔ 흐린 색의 글씨를 따라 써보세요.

생활 속 한자

- 일이 잘 해결되어 多幸(다행)입니다.
- 올해는 내게 온갖 不幸(불행)이 덮쳐 왔습니다.

옮길 운

뜻은 옮기다이고, 운이라고 읽어요.

군사 작전 시 무기 등이 담긴 수레를 감추고 가는 모습에서 '옮기다'라는 뜻을 나타냅니다.

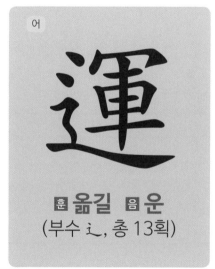

어

훈 **옮길** 음 **운**
(부수 辶, 총 13획)

옮길 운	옮길 운	옮길 운

생활 속 한자

- 사람의 運命(운명)은 하늘에 달렸다고 합니다.
- 노력하는 자만이 幸運(행운)을 얻을 수 있습니다.

다스릴 리(이)
뜻은 다스리다이고, 리(이)라고 읽어요.

理 → 理 → 理

옥의 원석 속에 숨어 있는 고운 결이 드러나도록 살 다스려 갈아내는 모습에서 '다스린다'라는 뜻을 나타 냅니다.

어

훈 **다스릴** 음 **리(이)**
(부수 玉, 총 11획)

理	理	理
다스릴 리(이)	다스릴 리(이)	다스릴 리(이)

→ 흐린 색의 글씨를 따라 써보세요.

생활 속 한자

- 道理(도리)에 어긋난 행위를 해서는 안됩니다.
- 적의 心理(심리)를 파악하기가 쉽지 않습니다.

말미암을 유 💬 뜻은 말미암다이고, 유라고 읽어요.

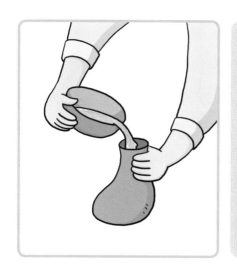

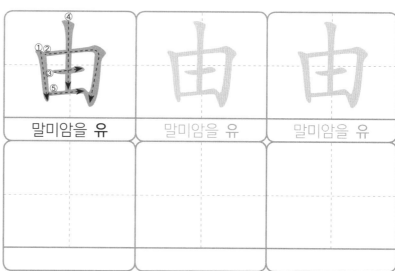

끝이 오므라진 단지나 주머니로 말미암아 물을 담기도 하고, 술을 거르기도 하는 모습에서 '말미암다'라는 뜻을 나타냅니다.

훈 **말미암을** 음 **유**
(부수 田, 총 5획)

말미암을 유	말미암을 유	말미암을 유

생활 속 한자

- 면화는 중국에서 由來(유래)되었습니다.
- 그는 건강상의 理由(이유)로 직장을 그만두었습니다.

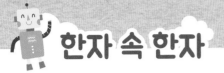

공평할 공

뜻은 **공평하다**이고, **공**이라고 읽어요.

물건을 공평하게 나눠 가지는 모습에서 '공평하다'라
는 뜻을 나타냅니다.

어

🏷훈 **공평할** 🏷음 **공**
(부수 八, 총 4획)

공평할 공	공평할 공	공평할 공

→ 흐린 색의 글씨를 따라 써보세요.

생활 속 한자

- 경리 직원이 회사의 公金(공금)을 횡령하였습니다.
- 그 회사는 公開(공개)적인 시험을 통해서 사원을 뽑습니다.

정할 정

뜻은 정하다이고, 정이라고 읽어요.

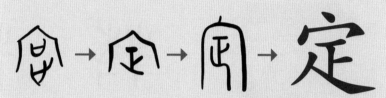

편안히 살 수 있도록 집 안의 기틀을 정하는 모습에서 '정하다'라는 뜻을 나타냅니다.

훈 정할 음 정
(부수 宀, 총 8획)

정할 정	정할 정	정할 정

생활 속 한자

- 부산에서 출발한 열차가 定時(정시)에 서울역에 도착했습니다.
- 낮과 밤을 합친 하루의 길이는 一定(일정)합니다.

특별할 特

뜻은 **특별하다**이고, **특**이라고 읽어요.

特 → 特 → 特

나라의 큰 제사를 지낼 때 새끼를 번식시키는 암소는 희생물로 삼지 않고, 수컷만을 특별히 희생물로 삼은 모습에서 '특별하다'라는 뜻을 나타냅니다.

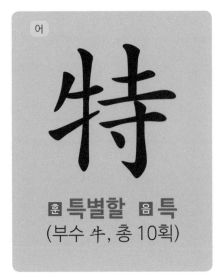

特

훈 특별할 음 특
(부수 牛, 총 10획)

特	特	特
특별할 특	특별할 특	특별할 특

→ 흐린 색의 글씨를 따라 써보세요.

생활 속 한자

- 서진이는 음악에 대한 재능이 特出(특출)납니다.
- 그는 별다른 特色(특색)이 없는 평범한 사람이었습니다.

모을 집

뜻은 모으다이고, 집이라고 읽어요.

새(隹 새 추)가 나무(木 나무 목)에 모여 앉아 있는 모습에서 '모으다'라는 뜻을 나타냅니다.

어

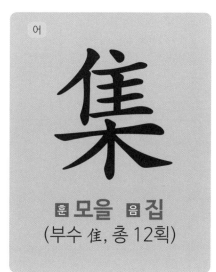

훈 모을 음 집
(부수 隹, 총 12획)

集	集	集
모을 집	모을 집	모을 집

생활 속 한자

- 분위기가 산만해서 集中(집중)이 되지 않습니다.
- 기차역에 내일 아침 9시까지 모두 集合(집합)해야 합니다.

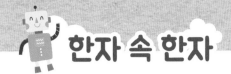

셀 계

뜻은 세다이고, 계라고 읽어요.

計 → 計 → 計

'말'을 뜻하는 言(말씀 언)과 '수'를 뜻하는 十(열 십)이 합쳐진 글자로, 입으로 수를 세는 모습에서 '세다'라는 뜻을 나타냅니다.

어

훈 셀 음 계
(부수 言, 총 9획)

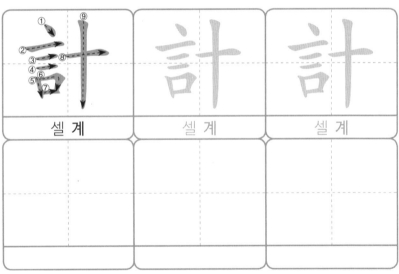

셀 계	셀 계	셀 계

→ 흐린 색의 글씨를 따라 써보세요.

생활 속 한자

■ 아버지는 가족의 生計(생계)를 위해 힘썼습니다.

■ 時計(시계)를 보니 오후 두 시를 막 지나고 있습니다.

부을/물댈 주 🔹 뜻은 붓다, 물대다이고, 주라고 읽어요.

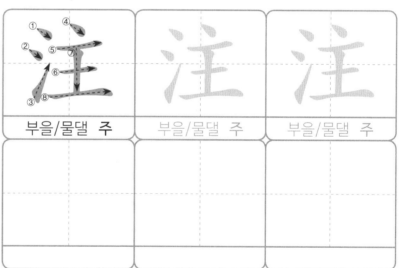

물줄기를 끌어와 물이 필요한 논이나 밭에 물을 붓는 모습에서 '붓다, 물 대다'라는 뜻을 나타냅니다.

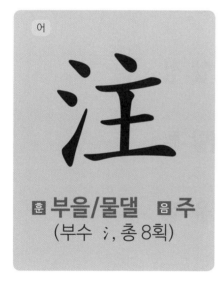

어

注

훈 부을/물댈 음 주
(부수 氵, 총 8획)

注	注	注
부을/물댈 주	부을/물댈 주	부을/물댈 주

생활 속 한자

- 그의 행동은 모든 사람들의 注目(주목)을 끕니다.
- 사고가 나지 않도록 언제나 注意(주의)해야 합니다.

빈칸에 알맞은 한자를 써보세요.

챈트 음원은 시사중국어사 홈페이지 book.chinasisa.com에서 무료로 다운로드 하실 수 있습니다.

생명이 위태로웠다가 도움을 받아 건진 목숨 **다행 행**

무기를 수레에 감추고 가는 모습 **옮길 운**

원석 속에 옥을 다스려 갈아내는 모습 **다스릴 리(이)**

오므라진 단지에 물을 담는 모습 **말미암을 유**

물건을 공평하게 나눠 가지는 모습 **공평할 공**

집 안의 기틀을 정하는 모습 **정할 정**

큰 제사를 지낼 때 특별히 수컷 소를 사용한 모습 **특별할 특**

나무에 새가 모여 앉아 있는 모습 **모을 집**

입으로 수를 세는 모습 **셀 계**

논이나 밭에 물을 붓는 모습 **부을/물댈 주**

게임 속 한자

두더지를 잡아라!

1 아래 두더지 판에는 10마리의 두더지가 있다. 이 두더지들이 쓰고 있는 모자에는 한자의 요소(한자, 훈, 음)가 적혀 있는데, 한자, 훈, 음 중 하나씩 틀린 부분이 있다.

2 두 팀(사람)은 먼저 '개수 표'에 각자 팀명(이름)을 적은 후, '가위 바위 보'를 해서 이긴 팀(사람)은 두더지 한 마리를 잡아 틀리게 적혀 있는 한자의 요소(한자, 훈, 음)를 찾아 바르게 고쳐 쓴다.

3 한자의 요소(한자, 훈, 음)를 바르게 고쳐 쓴 다음, 아래 자기 팀(사람)의 '개수 표'에 개수를 표시한다.

※개수는 매번 두더지 모자를 고쳐 쓸 때마다 '바를 정(正)' 모양으로 한 획씩 그으며 표시한다.

4 두더지 판의 10마리의 두더지 모자를 모두 고쳤을 때, '바를 정' 획수가 가장 많은 팀(사람)이 승리한다.

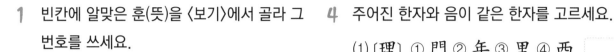

1 빈칸에 알맞은 훈(뜻)을 〈보기〉에서 골라 그 번호를 쓰세요.

> **보기**
>
> ① 옮기다 ② 특별하다 ③ 계산하다
> ④ 모으다 ⑤ 다스리다

(1) 特의 뜻은 ☐ 입니다.

(2) 集의 뜻은 ☐ 입니다.

(3) 理의 뜻은 ☐ 입니다.

(4) 運의 뜻은 ☐ 입니다.

2 아래 한자의 훈과 음을 빈칸에 쓰세요.

(1) 幸 ☐

(2) 計 ☐

(3) 注 ☐

(4) 定 ☐

3 아래 훈과 음에 해당하는 한자를 빈칸에 쓰세요.

(1) 말미암을 유 ☐   (2) 특별할 특 ☐

(3) 다스릴 리 ☐   (4) 공평할 공 ☐

(5) 옮길 운 ☐

4 주어진 한자와 음이 같은 한자를 고르세요.

(1) 〔理〕 ① 門 ② 年 ③ 里 ④ 西 ☐

(2) 〔注〕 ① 軍 ② 主 ③ 室 ④ 民 ☐

(3) 〔手〕 ① 日 ② 木 ③ 月 ④ 水 ☐

(4) 〔命〕 ① 名 ② 白 ③ 夕 ④ 出 ☐

5 한자와 뜻의 연결이 바르지 <u>않은</u> 것은?

(1) ① 算 - 세다 ② 右 - 오른쪽 ☐
   ③ 冬 - 봄   ④ 花 - 꽃

(2) ① 天 - 하늘 ② 全 - 쇠 ☐
   ③ 邑 - 고을 ④ 記 - 기록하다

(3) ① 便 - 쉬다 ② 足 - 발 ☐
   ③ 立 - 서다 ④ 數 - 셈

(4) ① 前 - 앞쪽 ② 時 - 시작하다 ☐
   ③ 草 - 풀   ④ 地 - 땅

6 훈과 음에 알맞은 한자를 보기에서 골라 빈칸에 쓰세요.

> **보기** 安 男 字 入

(1) 들 입 ☐

(2) 사내 남 ☐

(3) 글자 자 ☐

(4) 편안할 안 ☐

1 다음 밑줄 친 漢字語의 讀音을 쓰세요.

> 보기 漢字 → 한자

(1) 삼촌은 회사의 理事입니다. (   )

(2) 幸運을 바라지 말고 자기 실력을 길러야 합니다. (   )

(3) 학부형들이 公開 수업을 보러 오셨습니다. (   )

(4) 유도는 씨름에서 由來된 것입니다. (   )

(5) 이 계획은 별로 特色이 없습니다. (   )

2 다음 漢字의 訓과 音을 쓰세요.

> 보기 字 → 글자 자

(1) 運 (   ) (2) 定 (   )

(3) 幸 (   ) (4) 理 (   )

(5) 特 (   ) (6) 集 (   )

(7) 計 (   ) (8) 注 (   )

3 다음 밑줄 친 漢字語의 漢字를 쓰세요.

> 보기 국어 → 國語

(1) 편지를 등기로 붙였습니다. (   )

(2) 그는 산골 길을 평지처럼 달립니다. (   )

(3) 공부에는 왕도가 없습니다. (   )

4 다음 (   )에 알맞은 漢字를 〈보기〉에서 찾아 그 번호를 쓰세요.

> 보기 ① 由 ② 公 ③ 定 ④ 計

(1) 百年大 [   ] : 먼 뒷날까지에 걸친 큰 계획.

(2) 自 [   ] 自在 : 모든 것이 자유롭고 거침이 없음.

5 다음 漢字와 뜻이 비슷한 漢字를 골라 그 번호를 쓰세요.

(1) 計 : ① 理 ② 公 ③ 特 ④ 算 [   ]

6 다음 중 소리는 같으나 뜻3이 다른 漢字를 골라 그 번호를 쓰세요.

(1) 理 : ① 由 ② 定 ③ 注 ④ 李 [   ]

7 다음 漢字語의 뜻을 풀이하세요.

> 보기 國力 : 나라의 힘

(1) 合理 :

(2) 多少 :

8 다음 漢字의 짙게 표시한 획은 몇 번째 쓰는 획인지 숫자로 쓰세요.

(1) 運 [   ] (2) 集 [   ]

　승빈이는 가족들과 직업 체험을 하는 '어린이 직업 체험관'에 갔어요. 들어가자마자 직업 체험을 할 수 있는 코너가 많이 보였어요. 승빈이는 아나운서, 소방관, 승무원 등 다양한 직업을 체험하고, 마지막으로 '의(醫)사' 체험 코너에서 '외과(科)'라고 써 있는 곳으로 갔어요. 평소에 병원에 가는 걸 무서워하는 승빈이는 의사 체험을 해 볼 수 있어서 신기하기도 하고, 조금 두렵기도 했어요. 대(待)기번(番)호(號)가 써 있는 좌석(席)에서 10분 정도 앉아 기다리니 승빈이 차례가 되었어요.

　승빈이는 가운을 입고, 마스크를 쓰고 병(病)상에 누워있는 모형 인형의 환자(者) 신(身)체(體)를 살펴보고 진찰했어요. 선생님의 설명을 들으며 수술팀과 함께 수술 체험도 했어요. 수술이 끝난 후, 환자에게는 미(米)음(飮)과 양(洋)약(藥)을 처방해 주었어요. 체험이 끝나고 '어린이 의사 자격증'도 받았어요. 옆에서 간호사 체험을 같이 한 토팡이도 '어린이 간호사 자격증'을 받았어요. 의사 체험을 한 승빈이는 이제 병원이 무섭지 않아요.

한자 예고편　　그림 속에 숨어있는 한자들을 찾아보세요.

醫 의원 (의)	科 과목 (과)	身 몸 (신)
體 몸 (체)	洋 큰 바다 (양)	藥 약 (약)
病 병 (병)	席 자리 (석)	者 놈 (자)
番 차례 (번)	號 이름/부르짖을 (호)	米 쌀 (미)
飮 마실 (음)	待 기다릴 (대)	

의원 의

뜻은 **의원**이고, **의**라고 읽어요.

醫 → 醫 → 醫

수술 도구로 부상병의 몸에서 화살을 빼내어 상자에
담고 술을 상처 부위에 뿌리는 모습에서 병을 고치는
'의원'이라는 뜻을 나타냅니다.

어

醫

훈 **의원** 음 **의**
(부수 酉, 총 18획)

醫	醫	醫
의원 의	의원 의	의원 의

→ 흐린 색의 글씨를 따라 써보세요.

생활 속 한자

■ 그분은 名醫(명의)로 여러 번 방송에 소개된 분입니다.

■ 한국은 醫術(의술)이 뛰어난 나라입니다.

과목 과

뜻은 과목이고, 과라고 읽어요.

科 → 科 → 科

禾(벼 화)는 '벼, 곡식'이고, 斗(말 두)는 곡식을 세는 '말'을 나타내며, 곡물의 품등에 따라 말(斗)로 나누는 모습에서 '과목'이라는 뜻을 나타냅니다.

훈 **과목** 음 **과**
(부수 禾, 총 9획)

과목 과	과목 과	과목 과

생활 속 한자

- 갈릴레이는 자연 科學(과학)의 아버지라고 일컫습니다.
- 모든 科目(과목)에서 점수를 고루고루 잘 받았습니다.

몸 신

뜻은 몸이고, 신이라고 읽어요.

身의 변천 과정

배가 나온 사람의 모습에서 '몸'이라는 뜻을 나타냅니다.

身

훈 몸 음 신
(부수 身, 총 7획)

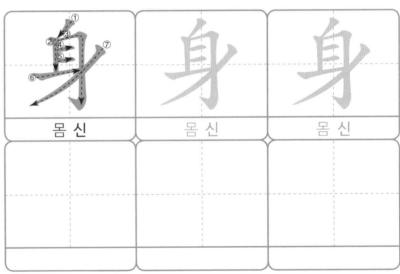

몸 신   몸 신   몸 신

→ 흐린 색의 글씨를 따라 써보세요.

생활 속 한자

- 운동 감독을 하는 사람 중에서는 선수 出身(출신)이 많습니다.
- 부모님 말을 듣지 않으면 身上(신상)에 해로울 것입니다.

몸 체

뜻은 몸이고, 체라고 읽어요.

𣇄𧯄 → 𩪗𧯄 → 體

머리에서 발까지 뼈대로 이루어진 사람의 모습에서 '몸'이라는 뜻을 나타냅니다.

어

體

훈 **몸** 음 **체**
(부수 骨, 총 23획)

體	體	體
몸 체	몸 체	몸 체

생활 속 한자

- 딱딱한 두 物體(물체)가 마찰하면 불꽃이 일어납니다.
- 삼촌은 體重(체중)이 100kg이나 나갑니다.

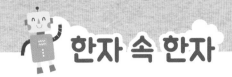

큰 바다 양

뜻은 큰 바다이고, 양이라고 읽어요.

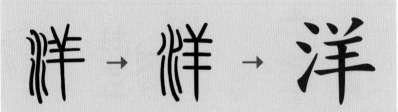

짠 물이 가득 괴어 있는 크고 드넓은 바다 모습에서
'큰 바다'라는 뜻을 나타냅니다.

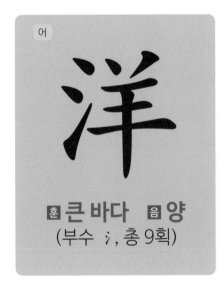

어

洋

훈 큰 바다 음 양
(부수 氵, 총 9획)

큰 바다 양	큰 바다 양	큰 바다 양

➜ 흐린 색의 글씨를 따라 써보세요.

생활 속 한자

- 우리나라는 대륙과 海洋(해양)을 잇는 지역적인 특수성을 갖고 있습니다.
- 배는 해협을 통과하여 大洋(대양)으로 나갔습니다.

약 약

뜻은 **약**이고, **약**이라고 읽어요.

사람의 몸에 난 병을 고치는 데 사용되는 약효를 지닌 풀의 모습에서 '약'이라는 뜻을 나타냅니다.

훈 약 음 약
(부수 艹, 총 19획)

약 약	약 약	약 약

생활 속 한자

- 병원에서 藥物(약물) 치료를 받고 있습니다.
- 이 병에는 洋藥(양약)이 좋습니다.

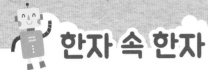

병 병

뜻은 병이고, 병이라고 읽어요.

病 → 痾 → 病

사람의 전신이나 일부분이 정상적인 활동을 하지 못할 정도로 심하게 병든 모습에서 '병'이라는 뜻을 나타냅니다.

어

病

훈 **병** 음 **병**
(부수 疒, 총 10획)

病	病	病
병 병	병 병	병 병

→ 흐린 색의 글씨를 따라 써보세요.

생활 속 한자

- 그는 수술이 끝나고 病室(병실)로 옮겨졌습니다.
- 어머니는 病席(병석)에서 일어나 건강한 모습을 되찾으셨습니다.

자리 석

뜻은 **자리**이고, **석**이라고 읽어요.

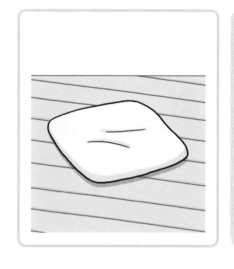

席 → 席 → 席 → 席

방직물(巾 수건 건)을 따뜻하게 깔고 앉을 수 있도록 만들어 놓은 모습에서 '자리'라는 뜻을 나타냅니다.

어

席

훈 **자리** 음 **석**
(부수 巾, 총 10획)

자리 석	자리 석	자리 석

생활 속 한자

- 선생님께서 반장에게 出席(출석)을 부르게 하셨습니다.
- 자리가 없어 우리는 合席(합석)하게 되었습니다.

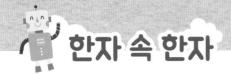

놈 자

뜻은 놈이고, 자라고 읽어요.

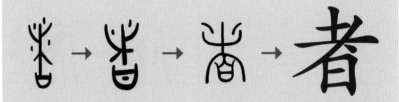

그릇에 김이 모락모락 나는 음식이 담겨 있는 모습에서 '놈'이라는 뜻을 나타냅니다.

어

者

훈 놈 음 자
(부수 耂, 총 9획)

놈 자 　　놈 자 　　놈 자

→ 흐린 색의 글씨를 따라 써보세요.

생활 속 한자

- 검사는 記者(기자)를 불러서 사건의 진상을 폭로하였습니다.
- 讀者(독자)와 작가가 만나는 모임이 열렸습니다.

122

차례 번

💬 뜻은 차례이고, 번이라고 읽어요.

땅에 찍힌 발자국으로, 짐승이 차례대로 줄 지어 지나
간 모습에서 '차례'라는 뜻을 나타냅니다.

훈 **차례** 음 **번**
(부수 田, 총 12획)

차례 번	차례 번	차례 번

생활 속 한자

- 그는 每番(매번) 약속 시간보다 늦게 왔습니다.
- 삼촌은 제대한 지 10년이 지난 지금도 軍番(군번)을 잊지 않았습니다.

이름/부르짖을 호

뜻은 이름, 부르짖다이고, 호라고 읽어요.

호랑이(虎 범 호)가 큰 소리로 울부짖는 모습에서 '이름, 부르짖다'라는 뜻을 나타냅니다.

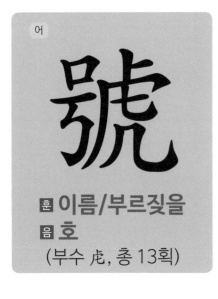

호 이름/부르짖을
음 호
(부수 虍, 총 13획)

이름/부르짖을 **호**	이름/부르짖을 호	이름/부르짖을 호

→ 흐린 색의 글씨를 따라 써보세요.

생활 속 한자

- 口號(구호)를 힘차게 외쳐 주세요.
- 番號(번호)대로 줄을 서세요.

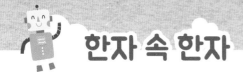

쌀 미

뜻은 쌀이고, 미라고 읽어요.

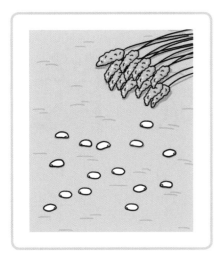

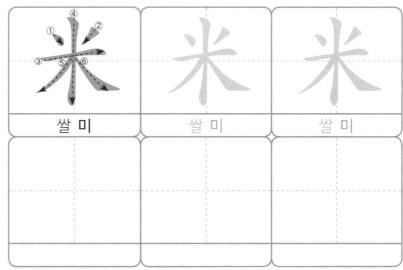

흩어져 있는 몇 개의 작은 쌀알 모습에서 '쌀'이라는 뜻을 나타냅니다.

米

훈 쌀 음 미
(부수 米, 총 6획)

米 쌀 미	米 쌀 미	米 쌀 미

생활 속 한자

- 우리 집은 흑미와 白米(백미)를 섞어서 밥을 짓습니다.
- 그녀는 米飮(미음) 한 숟갈도 제대로 넘기지 못하였습니다.

마실 음

 뜻은 **마시다**이고, **음**이라고 읽어요.

한 사람이 손으로 술 항아리를 잡고 머리를 숙인 채 술을 마시고 있는 모습에서 '마시다'라는 뜻을 나타냅니다.

어

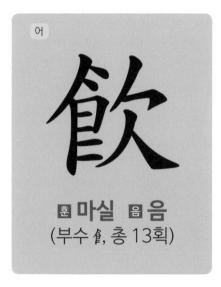

훈 **마실** 음 **음**
(부수 食, 총 13획)

飲	飲	飲
마실 음	마실 음	마실 음

↱ 흐린 색의 글씨를 따라 써보세요.

생활 속 한자

- 우리는 飲食(음식)을 남기지 않고 다 먹었습니다.
- 현서는 보리차를 매일 飲用(음용)하고 있습니다.

기다릴 대

뜻은 기다리다이고, 대라고 읽어요.

徔 → 待 → 待

길에서 누군가를 기다리는 모습에서 '기다리다'라는 뜻을 나타냅니다.

어

待

훈 기다릴 음 대
(부수 彳, 총 9획)

待 기다릴 대

待 기다릴 대

待 기다릴 대

생활 속 한자

- 기차역 待合室(대합실)에는 사람들이 많습니다.
- 뜻밖의 特待(특대)에 우리는 매우 놀랐습니다.

챈트 음원은 시사중국어사 홈페이지 book.chinasisa.com에서 무료로 다운로드 하실 수 있습니다.

빈칸에 알맞은 한자를 써보세요.

 병을 고치는 의원 **의원 의**

 곡물을 품등에 따라 나누는 모습 **과목 과**

 배 나온 사람의 몸 **몸 신**

 머리에서 발까지 뼈대로 이루어진 사람 **몸 체**

 짠물이 가득 괴어 있는 크고 드넓은 바다 **큰 바다 양**

 병을 고치는데 사용하는 약 풀 **약 약**

 사람이 심하게 병든 모습 **병 병**

 수건을 깔고 따뜻하게 앉을 수 있는 자리 **자리 석**

 그릇에 김이 모락모락 나는 음식이 담긴 모습 **놈 자**

 차례대로 지나간 짐승의 발자국 **차례 번**

 호랑이가 큰 소리가 울부짖는 모습 **이름/부르짖을 호**

 흩어져 있는 몇 개의 쌀알 **쌀 미**

 술을 마시는 사람의 모습 **마실 음**

 길에서 누군가를 기다리는 모습 **기다릴 대**

게임 속 한자

사다리 타기

1 짝꿍과 '가위 바위 보'를 하여 이긴 사람이 시작다리를 3개를 골라서 내려간다.

2 선택한 사다리를 타고 내려가 도착다리에 있는 한자의 훈, 음을 쓴다.

3 부록을 통해 정답을 확인한다.

4 맞힌 정답의 개수가 가장 많은 사람이 이긴다.

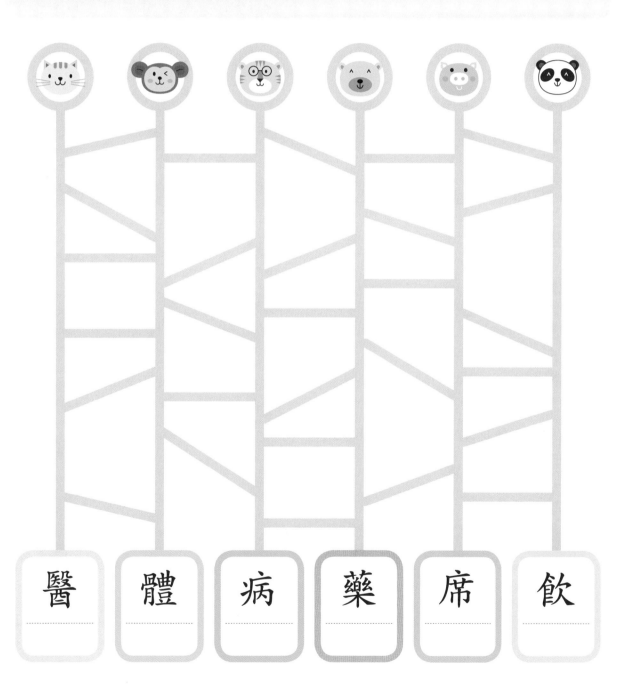

醫 體 病 藥 席 飲

1 빈칸에 알맞은 훈(뜻)을 〈보기〉에서 골라 그 번호를 쓰세요.

> 보기
>
> ① 몸　　② 마시다　　③ 의원
> ④ 기다리다　⑤ 이름/부르다

(1) 體의 뜻은 ⬚ 입니다.

(2) 號의 뜻은 ⬚ 입니다.

(3) 飮의 뜻은 ⬚ 입니다.

(4) 待의 뜻은 ⬚ 입니다.

2 아래 한자의 훈과 음을 빈칸에 쓰세요.

(1) 醫 ⬚

(2) 藥 ⬚

(3) 番 ⬚

(4) 病 ⬚

3 아래 훈과 음에 해당하는 한자를 빈칸에 쓰세요.

(1) 과목 과 ⬚　　(2) 자리 석 ⬚

(3) 쌀 미 ⬚　　(4) 몸 신 ⬚

(5) 큰 바다 양 ⬚

4 주어진 한자와 음이 같은 한자를 고르세요.

(1) 〔信〕 ① 身 ② 式 ③ 用 ④ 言 ⬚

(2) 〔待〕 ① 各 ② 高 ③ 章 ④ 大 ⬚

(3) 〔百〕 ① 日 ② 白 ③ 目 ④ 石 ⬚

(4) 〔少〕 ① 人 ② 寸 ③ 下 ④ 小 ⬚

5 한자와 뜻의 연결이 바르지 <u>않은</u> 것은?

(1) ① 工 - 장인　　② 洞 - 같다
　　③ 姓 - 성씨　　④ 育 - 기르다 ⬚

(2) ① 重 - 무겁다　② 心 - 마음
　　③ 登 - 같다　　④ 問 - 묻다 ⬚

(3) ① 後 - 편하다　② 聞 - 듣다
　　③ 石 - 돌　　　④ 空 - 비다 ⬚

(4) ① 場 - 마당　　② 里 - 마을
　　③ 金 - 온전하다 ④ 祖 - 조상 ⬚

6 훈과 음에 알맞은 한자를 보기에서 골라 빈칸에 쓰세요.

> 보기　花　住　左　所

(1) 왼 좌 ⬚

(2) 꽃 화 ⬚

(3) 살 주 ⬚

(4) 바/곳 소 ⬚

실전 속 한자 어문회

1 다음 밑줄 친 漢字語의 讀音을 쓰세요.

> 보기 漢字 → 한자

(1) 형이 醫科대학에 입학했습니다. (   )

(2) 건강한 身體에 건강한 정신이 깃듭니다.
(   )

(3) 藥物에 중독된 사람은 치료를 받아야
합니다. (   )

(4) 番號표를 받고 순서를 기다립니다.
(   )

(5) 건강을 유지하려면 飮食 섭취를 고르게
잘해야 합니다. (   )

2 다음 漢字의 訓과 音을 쓰세요.

> 보기 字 → 글자 자

(1) 待 (   )   (2) 號 (   )

(3) 藥 (   )   (4) 體 (   )

(5) 醫 (   )   (6) 飮 (   )

(7) 番 (   )   (8) 科 (   )

3 다음 밑줄 친 漢字語의 漢字를 쓰세요.

> 보기 국어 → 國語

(1) 약속 시간이 다 되었습니다. (   )

(2) 주입식 교육이 필요한 경우도 있습니다.
(   )

(3) 형제간에 우애가 좋아야 합니다. (   )

4 다음 漢字의 반대 또는 상대되는 글자를 골
라 그 번호를 쓰세요.

(1) 身: ① 洋 ② 心 ③ 科 ④ 米 ☐

5 다음 (   )에 알맞은 漢字를 〈보기〉에서 찾
아 그 번호를 쓰세요.

> 보기 ① 長 ② 醫 ③ 體 ④ 號

(1) 一心同 ☐ : 한 마음으로 뜻을 합하
여 한 몸처럼 결합하는 일.

(2) 不老 ☐ 生 : 늙지 아니하고 오래 삶.

6 다음 중 소리는 같으나 뜻이 다른 漢字를 골
라 그 번호를 쓰세요.

(1) 朝: ① 始 ② 祖 ③ 庭 ④ 章 ☐

(2) 和: ① 話 ② 語 ③ 有 ④ 川 ☐

7 다음 漢字語의 뜻을 풀이하세요.

> 보기 國力 : 나라의 힘

(1) 番地 :

(2) 醫藥 :

8 다음 漢字의 짙게 표시한 획은 몇 번째 쓰
는 획인지 숫자로 쓰세요.

(1)  藥 ☐

(2) 醫 ☐

結 果	어떤 원인으로 결말이 생김
맺을 **결** 실과 **과**	예 오늘 시험 結果(결과)를 발표합니다.

分 類	종류에 따라서 가름
나눌 **분** 무리 **류**	예 도서관은 도서 分類(분류)가 잘 되어 있습니다.

方 法	어떤 일을 해 나가거나 목적을 이루기 위하여 취하는 수단이나 방식
모 **방** 법 **법**	예 이 문제를 처리할 수 있는 方法(방법)이 없어서 고민입니다.

利 用	대상을 필요에 따라 이롭게 씀
이로울 **이** 쓸 **용**	예 이곳은 입장료는 있지만 시설물 利用(이용)은 무료입니다.

種 類	사물의 부문을 나누는 갈래
씨 **종** 무리 **류**	예 교실에 있는 쓰레기를 種類(종류)별로 모았습니다.

差 異	서로 같지 아니하고 다름
다를 **차** 다를 **이**	예 나의 생각과 그의 생각은 差異(차이)가 많이 납니다.

活 用	충분히 잘 이용함
살 **활** 쓸 **용**	예 빈 페트병을 活用(활용)하여 꽃병을 만들었습니다.

실전 속 한자 진흥회

※다음〔 〕안 한자의 음(소리)이 바른 것은?

1 〔東〕 ① 서 ② 남 ③ 명 ④ 동

2 〔出〕 ① 강 ② 출 ③ 산 ④ 입

3 〔靑〕 ① 정 ② 주 ③ 청 ④ 소

4 〔自〕 ① 자 ② 명 ③ 백 ④ 력

5 〔少〕 ① 구 ② 소 ③ 제 ④ 촌

※다음〔 〕안의 한자와 뜻이 상대(반대)되는 한자는?

6 〔手〕 ① 足 ② 正 ③ 山 ④ 出

7 〔內〕 ① 少 ② 女 ③ 外 ④ 門

※다음〈보기〉의 단어들과 관련이 깊은 한자는?

8 보기 악수 주먹 장갑

① 年 ② 千 ③ 小 ④ 手

9 보기 뿌리 가지 잎

① 石 ② 木 ③ 文 ④ 內

10 보기 명찰 출석 성명

① 足 ② 西 ③ 三 ④ 名

※다음 문장 중 한자로 표기된 단어의 독음(소리)이 바른 것은?

11 파충류의 特徵을 조사하였습니다.

① 공통 ② 특성 ③ 특징 ④ 장점

12 연극에서 놀부 役割을 맡았습니다.

① 역할 ② 배역 ③ 연출 ④ 담당

13 두 物體의 무게를 비교해 봅시다.

① 물질 ② 물체 ③ 사물 ④ 물건

14 부모님은 내 마음을 잘 理解해 주십니다.

① 이용 ② 이해 ③ 대화 ④ 표현

15 내 키는 형과 差異가 많이 나지 않습니다.

① 결과 ② 거리 ③ 평가 ④ 차이

※ 다음 설명이 뜻하는 한자어는?

16 글을 보지 아니하고 입으로 욈

① 點 ② 區間 ③ 暗誦 ④ 對話

17 어떤 결론이나 결과에 이른 까닭이나 근거

① 一周 ② 計算 ③ 理由 ④ 種類

18 마주 대하여 이야기를 주고 받음

① 配列 ② 表現 ③ 垂直 ④ 對話

19 생각이나 느낌따위를 언어나 몸짓 따위의 현상으로 드러내어 나타냄

① 儉素 ② 表現 ③ 問題 ④ 利用

20 어떤 일을 해 나가거나 목적을 이루기 위하여 취하는 수단이나 방식

① 反省 ② 加熱 ③ 溫度 ④ 方法

※다음 문장의 ☐ 안에 들어가기에 적절한 뜻을 가진 한자는?

21 나무 그늘 ☐에 앉아 책을 읽었습니다.

① 下　② 四　③ 主　④ 文

22 동생이 노크도 없이 ☐을 열고 들어왔습니다.

① 正　② 寸　③ 門　④ 東

※ 다음 ☐ 안의 한자어를 바르게 읽은 것은?

23　　朗誦

① 대화　② 암송　③ 낭송　④ 관심

24　　活用

① 이용　② 화학　③ 활동　④ 활용

※다음 글의 밑줄 친 부분의 뜻을 가진 한자를 〈보기〉에서 골라 번호를 쓰시오.

5월 8일은 어버이 (25)날입니다.
"어머니, 아버지! 저희 형제를 (26)낳아 주시고, 키워 주셔서 감사합니다."
우리는 감사의 (27)마음을 담은 편지와 함께 직접 만든 카네이션을 달아드리고, 부모님의 어깨도 주물러 드렸습니다.

보기　① 心　② 年　③ 日　④ 生

25 (　　)　**26** (　　)　**27** (　　)

※다음 한자의 훈(뜻)과 음(소리)을 쓰시오.

28 足 (　　　　)

29 内 (　　　　)

30 名 (　　　　)

31 同 (　　　　)

32 夫 (　　　　)

※다음 ☐ 안에 공통으로 들어갈 한자를 〈보기〉에서 찾아 쓰시오.

보기　青　弟　石

33 兄 ☐　☐ 子 (　　　　)

34 ☐ 年 ☐ 山 (　　　　)

※〔가로열쇠〕와 〔세로열쇠〕를 읽고, 빈칸에 공통으로 들어갈 한자를 쓰시오.

35

	火
水	

가로열쇠	흐르거나 떨어지는 물의 힘
세로열쇠	불이 탈 때에 내는 열의 힘

※다음 한자어의 독음(소리)을 〈보기〉와 같이 쓰시오.

> 보기   一日 (일 일)

36 日出 (   )

37 七年 (   )

38 少女 (   )

39 內外 (   )

40 天上 (   )

41 順序 (   )

42 同一 (   )

※다음 설명이 뜻하는 단어를 〈보기〉와 같이 한자로 쓰시오.

> 보기   일일 : 하루 (一日)

43 심중 : 마음 속. (   )

44 팔월 : 한 해 열두 달 가운데 여덟째 달. (   )

※다음 문장 중 한자로 표기된 단어의 독음(소리)을 쓰시오.

45 번호 順序대로 줄을 섰습니다.   (   )

46 친구와 진지한 對話를 나누었습니다. (   )

47 사과를 동생과 함께 半으로 나누어 먹었습니다. (   )

48 선생님의 설명을 들으니 理解가 잘 되었습니다. (   )

※다음 문장 중 ( )안의 단어를 한자로 쓰시오.

49 형은 올해 (육)학년이 됩니다. (   )

50 (오십)년 후의 모습을 상상해 보았습니다. (   )

51 (사촌)형과 함께 물놀이를 하였습니다. (   )

52 우리는 한 목소리로 (구구)단을 외웠습니다. (   )

※다음 훈(뜻)과 음(소리)에 맞는 한자를 〈보기〉와 같이 쓰시오.

> 보기   한 일 (一)

53 불 화 (   )

54 아비 부 (   )

55 임금 왕 (   )

56 작을 소 (   )

57 두 이 (   )

58 어미 모 (   )

59 흙 토 (   )

60 설 립 (   )

부록

정답

어문회에 자주 출제되는 한자어

뜻이 반대(상대)되는 한자-반대(상대)어

뜻이 비슷한 한자-유의어

동음이의자

6급, 6급 II 어문회 한자 쓰기

6급 진흥회 한자어 쓰기

한자 카드

문제 속 한자

1과

1. (1) ②   (2) ①   (3) ⑤   (4) ④
2. (1) 믿을 신   (2) 겉 표
   (3) 법 식   (4) 모일 사
3. (1) 和   (2) 用   (3) 功
   (4) 禮   (5) 業
4. (1) ②   (2) ③   (3) ④   (4) ②
5. (1) ①   (2) ③   (3) ①   (4) ③
6. (1) 北   (2) 韓   (3) 金   (4) 長

2과

1. (1) ③   (2) ①   (3) ②   (4) ⑤
2. (1) 글 장   (2) 등급 급
   (3) 무리 등   (4) 글 서
3. (1) 新   (2) 各   (3) 高
   (4) 班   (5) 訓
4. (1) ②   (2) ②   (3) ①   (4) ③
5. (1) ④   (2) ③   (3) ①   (4) ④
6. (1) 敎   (2) 學   (3) 靑   (4) 弟

3과

1. (1) ①   (2) ④   (3) ③   (4) ⑤
2. (1) 오얏/성 리(이)   (2) 법식 례(예)
   (3) 성/순박할 박   (4) 창 창
3. (1) 黃   (2) 服   (3) 古
   (4) 衣   (5) 庭
4. (1) ②   (2) ③   (3) ①   (4) ④
5. (1) ③   (2) ②   (3) ①   (4) ②
6. (1) 年   (2) 女   (3) 軍   (4) 西

4과

1. (1) ③   (2) ②   (3) ④   (4) ⑤
2. (1) 밤 야   (2) 차례 제
   (3) 아침 조   (4) 열 개
3. (1) 在   (2) 始   (3) 今
   (4) 反   (5) 昨
4. (1) ④   (2) ①   (3) ②   (4) ③
5. (1) ④   (2) ②   (3) ①   (4) ②
6. (1) 五   (2) 生   (3) 車   (4) 世

5과

1. (1) ②   (2) ④   (3) ⑤   (4) ①
2. (1) 다행 행   (2) 셀 계
   (3) 부을/물댈 주   (4) 정할 정
3. (1) 由   (2) 特   (3) 理
   (4) 公   (5) 運
4. (1) ③   (2) ②   (3) ④   (4) ①
5. (1) ③   (2) ②   (3) ①   (4) ②
6. (1) 入   (2) 男   (3) 字   (4) 安

6과

1. (1) ①   (2) ⑤   (3) ②   (4) ④
2. (1) 의원 의   (2) 약 약
   (3) 차례 번   (4) 병 병
3. (1) 科   (2) 席   (3) 米
   (4) 身   (5) 洋
4. (1) ①   (2) ④   (3) ②   (4) ④
5. (1) ②   (2) ③   (3) ①   (4) ③
6. (1) 左   (2) 花   (3) 住   (4) 所

게임속 한자

3과

4과

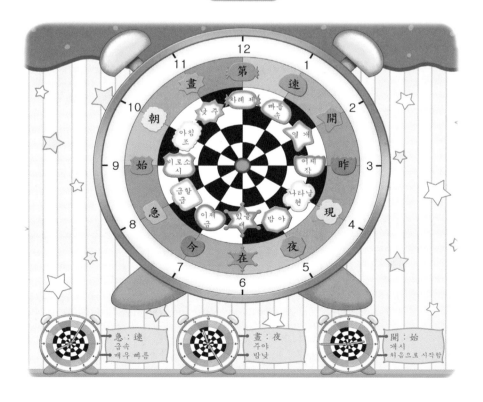

5과

6과

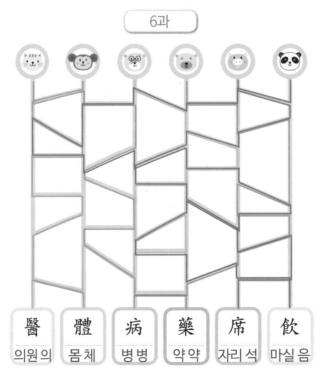

醫	體	病	藥	席	飮
의원 의	몸 체	병 병	약 약	자리 석	마실 음

1과

1. (1) 사회 (2) 성공 (3) 대표
   (4) 예식 (5) 신용
2. (1) 업 업   (2) 모일 회
   (3) 대신할 대   (4) 모일 사
   (5) 화할 화   (6) 예도 례(예)
   (7) 겉 표   (8) 믿을 신
3. (1) 市內   (2) 每年
   (3) 上空   (4) 來日
   (5) 工場
4. (1) ②   (2) ④
5. (1) ①   (2) ③
6. (1) 통신을 주고 받음 (2) 자라서 점점 커짐
7. (1) ②   (2) ①
8. (1) ⑩   (2) ⑨

2과

1. (1) 평등 (2) 각계 (3) 신문
   (4) 급훈 (5) 독서
2. (1) 읽을 독/구두 두 (2) 익힐 습
   (3) 가르칠 훈   (4) 나눌 반
   (5) 등급 급   (6) 무리 등
   (7) 글 장   (8) 들을 문
3. (1) 白旗   (2) 算數
   (3) 同時
4. (1) ②   (2) ③
5. (1) ③   (2) ②
6. (1) ②   (2) ③
7. (1) 새로운 소식   (2) 가르쳐 길러냄
8. (1) ④   (2) ⑤

3과

1. (1) 손녀 (2) 황토 (3) 선두
   (4) 예외 (5) 소문
2. (1) 손자 손   (2) 순박할 박/성 박
   (3) 집 당   (4) 동산 원
   (5) 창 창   (6) 법식 례(예)
   (7) 머리 두   (8) 뜰 정
3. (1) 孝道   (2) 國旗
   (3) 登山
4. (1) ①   (2) ④
5. (1) ②
6. (1) ①
7. (1) 번듯하게, 당당히 (2) 약을 먹음
8. (1) ④   (2) ⑥

4과

1. (1) 급속 (2) 야시장 (3) 현재
   (4) 조석 (5) 시작
2. (1) 어제 작   (2) 나타날 현
   (3) 급할 급   (4) 열 개
   (5) 낮 주   (6) 차례 제
   (7) 밤 야   (8) 빠를 속
3. (1) 農夫   (2) 電氣
   (3) 村長
4. (1) ④   (2) ②
5. (1) ②   (2) ④
6. (1) ③   (2) ②
7. (1) 낮   (2) 지난 해
8. (1) ⑤   (2) ④

5과

1. (1) 이사 (2) 행운 (3) 공개
   (4) 유래 (5) 특색
2. (1) 옮길 운   (2) 정할 정
   (3) 다행 행   (4) 다스릴 리(이)
   (5) 특별할 특   (6) 모을 집
   (7) 셀 계   (8) 부을 주/물댈 주
3. (1) 登記   (2) 平地
   (3) 王道
4. (1) ④   (2) ①
5. (1) ④
6. (1) ④
7. (1) 이치에 합당함
   (2) 분량이나 정도의 많음과 적음
8. (1) ⑤   (2) ⑦

6과

1. (1) 의과 (2) 신체 (3) 약물
   (4) 번호 (5) 음식
2. (1) 기다릴 대   (2) 이름 호/ 부르짖을 호
   (3) 약 약   (4) 몸 체
   (5) 의원 의   (6) 마실 음
   (7) 차례 번   (8) 과목 과
3. (1) 時間   (2) 敎育
   (3) 兄弟
4. (1) ②
5. (1) ③   (2) ①
6. (1) ②   (2) ①
7. (1) 번호를 매겨서 나눈 땅
   (2) 의료에 쓰는 약품
8. (1) ⑩   (2) ⑤

실전 속 한자 (진흥회)

1. ④   2. ②   3. ③   4. ①   5. ②
6. ①   7. ③   8. ④   9. ②   10. ④
11. ③   12. ①   13. ②   14. ②   15. ④
16. ③   17. ③   18. ④   19. ②   20. ④
21. ①   22. ③   23. ③   24. ③   25. ③
26. ④   27. ①
28. 발족   29. 안내
30. 이름 명   31. 한가지 동
32. 지아비 부   33. 弟
34. 靑   35. 力
36. 일출   37. 칠년
38. 소녀   39. 내외
40. 천상   41. 순서
42. 동일   43. 心中
44. 八月   45. 순서
46. 대화   47. 반
48. 이해   49. 六
50. 五十   51. 四寸
52. 九九   53. 火
54. 父   55. 王
56. 小   57. 二
58. 母   59. 土
60. 立

1과

會 모일 회	會食 (회식), 會話 (회화), 會心 (회심), 會計 (회계), 會社 (회사), 會合 (회합), 會堂 (회당), 會同 (회동), 會場 (회장), 會意 (회의), 會見 (회견), 會合所 (회합소), 交會 (교회), 大會 (대회)
社 모일 사	社交 (사교), 社會 (사회), 社長 (사장), 社業 (사업), 社旗 (사기), 愛社 (애사), 本社 (본사)
和 화할 화	和氣 (화기), 和色 (화색), 和親 (화친), 和合 (화합), 和答 (화답), 平和 (평화), 親和 (친화)
合 합할 합	合計 (합계), 合理 (합리), 合成 (합성), 合意 (합의), 合同 (합동), 合一 (합일), 合心 (합심), 合作 (합작), 合和 (합화), 合算 (합산), 合體 (합체)
信 믿을 신	信心 (신심), 信用 (신용), 信號 (신호), 信人 (신인), 信口 (신구), 信手 (신수), 信愛 (신애), 信服 (신복), 信書 (신서), 信者 (신자), 答信 (답신), 所信 (소신), 不信 (불신), 電信 (전신), 自信 (자신), 通信 (통신)
用 쓸 용	用水 (용수), 用度 (용도), 用意 (용의), 用紙 (용지), 用例 (용례), 用力 (용력), 用心 (용심), 用語 (용어), 活用 (활용), 登用 (등용), 使用 (사용), 食用 (식용), 服用 (복용), 有用 (유용), 愛用 (애용), 利用 (이용), 作用 (작용), 通用 (통용)
成 이룰 성	成功 (성공), 成果 (성과), 成事 (성사), 成立 (성립), 成分 (성분), 成長 (성장), 成人 (성인), 成年 (성년), 成火 (성화), 成人病 (성인병), 育成 (육성), 長成 (장성)
功 공 공	功名 (공명), 功力 (공력), 功利 (공리), 有功 (유공), 成功 (성공), 戰功 (전공)
代 대신할 대	代金 (대금), 代身 (대신), 代行 (대행), 代理 (대리), 代用 (대용), 代入 (대입), 代表 (대표), 交代 (교대), 時代 (시대), 世代 (세대), 食代 (식대), 現代 (현대)
表 겉 표	表面 (표면), 表記 (표기), 表明 (표명), 表出 (표출), 表紙 (표지), 表現 (표현), 圖表 (도표), 發表 (발표)
禮 예도 례(예)	禮物 (예물), 禮度 (예도), 禮式 (예식), 禮服 (예복), 禮意 (예의), 禮行 (예행), 禮金 (예금), 答禮 (답례), 朝禮 (조례)

式 법식 **식**	式場 (식장), 方式 (방식), 等式 (등식), 形式 (형식), 開式 (개식), 定式 (정식), 公式 (공식), 圖式 (도식), 書式 (서식), 新式 (신식)
業 업 **업**	業界 (업계), 業所 (업소), 業主 (업주), 業體 (업체), 家業 (가업), 開業 (개업), 農業 (농업), 工業 (공업), 本業 (본업), 分業 (분업), 生業 (생업), 失業 (실업), 林業 (임업), 作業 (작업), 休業 (휴업)

2과

等 무리 **등**	等高 (등고), 等高線 (등고선), 等級 (등급), 等數 (등수), 等式 (등식), 等分 (등분), 等號 (등호), 高等 (고등), 對等 (대등), 同等 (동등), 特等 (특등), 平等 (평등)
級 등급 **급**	級數 (급수), 級訓 (급훈), 高級 (고급), 各級 (각급), 等級 (등급), 同級 (동급), 上級 (상급), 下級 (하급), 中級 (중급), 學級 (학급), 體級 (체급), 特級 (특급)
各 각각 **각**	各各 (각각), 各級 (각급), 各國 (각국), 各界 (각계), 各色 (각색), 各自 (각자), 各別 (각별)
班 나눌 **반**	班長 (반장), 班別 (반별), 班名 (반명), 分班 (분반), 文班 (문반)
讀 읽을 **독**/구두 **두**	讀書 (독서), 讀音 (독음), 讀者 (독자), 讀後感 (독후감), 速讀 (속독), 音讀 (음독), 愛讀 (애독), 正讀 (정독), 訓讀 (훈독), 通讀 (통독)
書 글 **서**	書堂 (서당), 書信 (서신), 書道 (서도), 書面 (서면), 書畵 (서화), 書體 (서체), 書式 (서식), 書記 (서기), 古書 (고서), 圖書 (도서), 文書 (문서)
新 새 **신**	新年 (신년), 新生 (신생), 新聞 (신문), 新書 (신서), 新式 (신식), 新藥 (신약), 新作 (신작), 新正 (신정), 新綠 (신록), 新入 (신입), 新人 (신인), 新世代 (신세대), 新入生 (신입생)
聞 들을 **문**	聞人 (문인), 名聞 (명문), 所聞 (소문), 新聞 (신문), 後聞 (후문), 風聞 (풍문)
訓 가르칠 **훈**	訓長 (훈장), 訓話 (훈화), 訓育 (훈육), 家訓 (가훈), 敎訓 (교훈)

言 말씀 언	言文 (언문), 言語 (언어), 言動 (언동), 言明 (언명), 言行 (언행), 公言 (공언), 名言 (명언), 間言 (간언), 失言 (실언), 苦言 (고언), 高言 (고언), 形言 (형언), 發言 (발언), 方言 (방언), 文言 (문언)
高 높을 고	高空 (고공), 高手 (고수), 高級 (고급), 高言 (고언), 高等 (고등), 高度 (고도), 高祖 (고조), 高地 (고지), 高山 (고산), 高速 (고속), 高溫 (고온), 高音 (고음), 高金利 (고금리), 等高 (등고)
習 익힐 습	敎習 (교습), 自習 (자습), 風習 (풍습), 學習 (학습)
章 글 장	國章 (국장), 旗章 (기장), 圖章 (도장), 文章 (문장), 樂章 (악장)

3과

孫 손자 손	孫女 (손녀), 孫子 (손자), 世孫 (세손), 外孫 (외손), 子孫 (자손), 長孫 (장손), 後孫 (후손)
李 오얏/성 리(이)	李朝 (이조), 李花 (이화), 李太白 (이태백), 行李 (행리)
朴 성/순박할 박	朴野 (박야), 朴直 (박직), 古朴 (고박)
黃 누를 황	黃海 (황해), 黃土 (황토), 黃旗 (황기), 黃金 (황금)
堂 집 당	堂堂 (당당), 明堂 (명당), 書堂 (서당), 食堂 (식당), 天堂 (천당), 草堂 (초당)
庭 뜰 정	庭球 (정구), 庭園 (정원), 家庭 (가정), 校庭 (교정), 山庭 (산정), 親庭 (친정)
園 동산 원	公園 (공원), 樂園 (낙원), 農園 (농원), 庭園 (정원), 花園 (화원)

例 법식 례(예)	例年 (예년), 例文 (예문), 例題 (예제), 例事 (예사), 例外 (예외), 先例 (선례), 事例 (사례), 用例 (용례), 一例 (일례), 前例 (전례), 特例 (특례)
窓 창 창	窓門 (창문), 窓口 (창구), 東窓 (동창), 同窓 (동창), 車窓 (차창)
衣 옷 의	衣服 (의복), 衣食住 (의식주), 上衣 (상의), 白衣 (백의), 下衣 (하의)
服 옷 복	服藥 (복약), 服用 (복용), 服色 (복색), 校服 (교복), 軍服 (군복), 感服 (감복), 内服 (내복), 不服 (불복), 禮服 (예복), 洋服 (양복), 衣服 (의복), 韓服 (한복), 夏服 (하복)
頭 머리 두	頭角 (두각), 頭目 (두목), 頭上 (두상), 頭書 (두서), 頭音 (두음), 口頭 (구두), 先頭 (선두), 話頭 (화두)
古 예 고	古家 (고가), 古今 (고금), 古代 (고대), 古文 (고문), 古木 (고목), 古物 (고물), 古書 (고서), 古語 (고어), 中古 (중고)

4과

現 나타날 현	現金 (현금), 現時 (현시), 現在 (현재), 現地 (현지), 現場 (현장), 現代 (현대), 現行 (현행), 發現 (발현), 表現 (표현), 出現 (출현)
在 있을 재	在京 (재경), 在野 (재야), 在中 (재중), 在學 (재학), 在所者 (재소자), 不在者 (부재자), 内在 (내재), 所在 (소재), 現在 (현재)
昨 어제 작	昨今 (작금), 昨年 (작년), 昨日 (작일)
今 이제 금	今日 (금일), 今方 (금방), 今時 (금시), 今番 (금번), 古今 (고금), 方今 (방금), 昨今 (작금)
開 열 개	開校 (개교), 開國 (개국), 開始 (개시), 開市 (개시), 開放 (개방), 開發 (개발), 開所 (개소), 開業 (개업), 開場 (개장), 開通 (개통), 開花 (개화), 開學 (개학), 公開 (공개)

始 비로소 시	始球 (시구), 始動 (시동), 始發 (시발), 始祖 (시조), 始作 (시작), 開始 (개시)
急 급할 급	急事 (급사), 急死 (급사), 急速 (급속), 急所 (급소), 急行 (급행), 急電 (급전), 火急 (화급), 時急 (시급), 多急 (다급), 特急 (특급)
速 빠를 속	速記 (속기), 速讀 (속독), 速成 (속성), 速度 (속도), 速力 (속력), 速行 (속행), 急速 (급속), 高速 (고속), 球速 (구속), 光速 (광속), 時速 (시속)
朝 아침 조	朝禮 (조례), 朝夕 (조석), 朝食 (조식), 朝野 (조야), 朝朝 (조조), 王朝 (왕조), 先朝 (선조)
晝 낮 주	晝間 (주간), 晝夜 (주야), 白晝 (백주)
夜 밤 야	夜間 (야간), 夜光 (야광), 夜讀 (야독), 夜半 (야반), 夜學 (야학), 夜行 (야행), 夜話 (야화), 白夜 (백야), 雪夜 (설야), 晝夜 (주야)
第 차례 제	第一 (제일), 第三者 (제삼자), 登第 (등제)
反 돌이킬 반	反感 (반감), 反旗 (반기), 反動 (반동), 反對 (반대), 反問 (반문), 反省 (반성), 反戰 (반전)

5과

幸 다행 행	幸運 (행운), 多幸 (다행), 不幸 (불행), 天幸 (천행)
運 옮길 운	運動 (운동), 運命 (운명), 運數 (운수), 運身 (운신), 運用 (운용), 運行 (운행), 國運 (국운), 氣運 (기운), 幸運 (행운), 海運 (해운)
理 다스릴 리(이)	理由 (이유), 理事 (이사), 理科 (이과), 公理 (공리), 道理 (도리), 代理 (대리), 物理 (물리), 數理 (수리), 心理 (심리), 事理 (사리), 一理 (일리), 合理 (합리), 天理 (천리), 地理 (지리)

由 말미암을 유	由來 (유래), 理由 (이유), 事由 (사유), 自由 (자유)
公 공평할 공	公休日 (공휴일), 公開 (공개), 公共 (공공), 公金 (공금), 公利 (공리), 公立 (공립), 公明 (공명), 公式 (공식), 公園 (공원), 公正 (공정), 公平 (공평), 公表 (공표), 公主 (공주), 主人公 (주인공)
定 정할 정	定理 (정리), 定刑 (정형), 定石 (정석), 定式 (정식), 定食 (정식), 定時 (정시), 定住 (정주), 不定 (부정), 一定 (일정), 安定 (안정), 作定 (작정), 特定 (특정)
特 특별할 특	特級 (특급), 特急 (특급), 特等 (특등), 特大 (특대), 特例 (특례), 特命 (특명), 特別 (특별), 特色 (특색), 特使 (특사), 特食 (특식), 特愛 (특애), 特有 (특유), 特定 (특정), 特出 (특출), 特活 (특활), 英特 (영특)
集 모을 집	集計 (집계), 集大成 (집대성), 集成 (집성), 集中 (집중), 集合 (집합), 集會 (집회), 全集 (전집)
計 셀 계	計算 (계산), 計數 (계수), 計算書 (계산서), 家計 (가계), 生計 (생계), 百計 (백계), 時計 (시계), 集計 (집계), 會計 (회계), 合計 (합계)
注 부을/물댈 주	注目 (주목), 注文 (주문), 注入 (주입), 注油 (주유), 注意 (주의)

6과

醫 의원 의	醫科 (의과), 醫大 (의대), 醫術 (의술), 醫藥 (의약), 醫學 (의학), 洋醫 (양의), 名醫 (명의), 韓醫學 (한의학)
科 과목 과	科目 (과목), 科學 (과학), 科長 (과장), 工科 (공과), 内科 (내과), 農科 (농과), 登科 (등과), 文科 (문과), 理科 (이과), 外科 (외과), 醫科 (의과), 百科 (백과), 全科 (전과), 教科書 (교과서)
身 몸 신	身命 (신명), 身病 (신병), 身分 (신분), 身世 (신세), 身上 (신상), 身長 (신장), 身體 (신체), 代身 (대신), 短身 (단신), 文身 (문신), 心身 (심신), 立身 (입신), 自身 (자신), 全身 (전신), 出身 (출신)

體 몸 체	體感 (체감), 體級 (체급), 體內 (체내), 體溫 (체온), 體育 (체육), 體面 (체면), 體重 (체중), 體形 (체형), 氣體 (기체), 同體 (동체), 物體 (물체), 死體 (사체), 生體 (생체), 身體 (신체), 人體 (인체), 一體 (일체), 立體 (입체), 弱體 (약체), 業體 (업체), 全體 (전체), 形體 (형체), 合體 (합체)
洋 큰 바다 양	洋式 (양식), 洋食 (양식), 洋服 (양복), 洋銀 (양은), 洋醫 (양의), 洋洋 (양양), 洋藥 (양약), 大洋 (대양), 東洋 (동양), 西洋 (서양), 遠洋 (원양), 海洋 (해양), 太平洋 (태평양), 五大洋 (오대양)
藥 약 약	藥果 (약과), 藥物 (약물), 藥水 (약수), 藥用 (약용), 藥草 (약초), 農藥 (농약), 服藥 (복약), 新藥 (신약), 死藥 (사약), 醫藥 (의약), 韓藥 (한약), 洋藥 (양약)
病 병 병	病苦 (병고), 病名 (병명), 病弱 (병약), 病死 (병사), 病室 (병실), 病席 (병석), 病者 (병자), 問病 (문병), 發病 (발병), 重病 (중병)
席 자리 석	公席 (공석), 同席 (동석), 病席 (병석), 方席 (방석), 上席 (상석), 立席 (입석), 主席 (주석), 出席 (출석), 合席 (합석)
者 놈 자	强者 (강자), 記者 (기자), 近者 (근자), 讀者 (독자), 勝者 (승자), 使者 (사자), 信者 (신자), 病者 (병자), 弱者 (약자), 不在者 (부재자), 學者 (학자)
番 차례 번	番數 (번수), 番外 (번외), 番號 (번호), 番地 (번지), 番番 (번번), 軍番 (군번), 每番 (매번)
號 이름/부르짖을 호	號數 (호수), 號角 (호각), 口號 (구호), 國號 (국호), 記號 (기호), 等號 (등호), 番號 (번호), 信號 (신호), 題號 (제호)
米 쌀 미	米飮 (미음), 米作 (미작), 白米 (백미)
飮 마실 음	飮食 (음식), 飮用 (음용), 多飮 (다음), 米飮 (미음)
待 기다릴 대	待合室 (대합실), 待命 (대명), 苦待 (고대), 重待 (중대), 特待 (특대), 下待 (하대)

江 강 강 山 메 산	강과 산	江山	江山	江山	江山
强 강할 강 弱 약할 약	강함과 약함	强弱	强弱	强弱	强弱
古 예 고 今 이제 금	옛적과 지금	古今	古今	古今	古今
苦 쓸 고 樂 즐길 락	괴로움과 즐거움	苦樂	苦樂	苦樂	苦樂
高 높을 고 下 아래 하	높음과 낮음	高下	高下	高下	高下
教 가르칠 교 習 익힐 습	가르침과 익힘	教習	教習	教習	教習
教 가르칠 교 學 배울 학	가르침과 배움	教學	教學	教學	教學
南 남녘 남 北 북녘 북	남쪽과 북쪽	南北	南北	南北	南北
男 사내 남 女 계집 녀	남자와 여자	男女	男女	男女	男女
內 안 내 外 바깥 외	안과 바깥	內外	內外	內外	內外

多 많을 다 少 적을 소	많음과 적음	多少	多少	多少	多少
大 큰 대 小 작을 소	큼과 작음	大小	大小	大小	大小
東 동녘 동 西 서녘 서	동쪽과 서쪽	東西	東西	東西	東西
老 늙을 로 少 적을 소	늙은이와 어린아이	老少	老少	老少	老少
母 어미 모 子 아들 자	어머니와 아들	母子	母子	母子	母子
問 물을 문 答 대답 답	묻고 대답함	問答	問答	問答	問答
別 나눌 별 合 합할 합	나눔과 합함	別合	別合	別合	別合
父 아비 부 母 어미 모	아버지와 어머니	父母	父母	父母	父母
父 아비 부 子 아들 자	아버지와 아들	父子	父子	父子	父子
分 나눌 분 合 합할 합	나눔과 합함	分合	分合	分合	分合

死 죽을 사 活 살 활	죽음과 삶	死活	死活	死活	死活
上 위 상 下 아래 하	위와 아래	上下	上下	上下	上下
生 날 생 死 죽을 사	삶과 죽음	生死	生死	生死	生死
先 먼저 선 後 뒤 후	먼저와 나중 앞과 뒤	先後	先後	先後	先後
手 손 수 足 발 족	손과 발	手足	手足	手足	手足
水 물 수 火 불 화	물과 불	水火	水火	水火	水火
心 마음 심 身 몸 신	마음과 몸	心身	心身	心身	心身
言 말씀 언 文 글월 문	말과 글	言文	言文	言文	言文
言 말씀 언 行 다닐 행	말과 행동	言行	言行	言行	言行
遠 멀 원 近 가까울 근	멀고 가까움	遠近	遠近	遠近	遠近

한자	뜻	연습		
日 날 일 月 달 월	해와 달	日月	日月	日月	日月
入 들 입 出 날 출	들어오고 나감	入出	入出	入出	入出
子 아들 자 女 계집 녀	아들과 딸	子女	子女	子女	子女
昨 어제 작 今 이제 금	어제와 오늘	昨今	昨今	昨今	昨今
長 길 장 短 짧을 단	길고 짧음	長短	長短	長短	長短
前 앞 전 後 뒤 후	앞과 뒤	前後	前後	前後	前後
朝 아침 조 夕 저녁 석	아침과 저녁	朝夕	朝夕	朝夕	朝夕
朝 아침 조 野 들 야	조정과 민간	朝野	朝野	朝野	朝野
祖 할아버지 조 孫 손자 손	할아버지와 손자	祖孫	祖孫	祖孫	祖孫
左 왼 좌 右 오른 우	왼쪽과 오른쪽	左右	左右	左右	左右

晝 낮 주 夜 밤 야	낮과 밤	晝夜	晝夜	晝夜	晝夜
中 가운데 중 外 바깥 외	안과 바깥	中外	中外	中外	中外
天 하늘 천 地 땅 지	하늘과 땅	天地	天地	天地	天地
春 봄 춘 秋 가을 추	봄과 가을	春秋	春秋	春秋	春秋
出 날 출 入 들 입	나가고 들어옴	出入	出入	出入	出入
夏 여름 하 冬 겨울 동	여름과 겨울	夏冬	夏冬	夏冬	夏冬
兄 형 형 弟 아우 제	형과 아우	兄弟	兄弟	兄弟	兄弟
和 화할 화 戰 싸움 전	화합과 전쟁	和戰	和戰	和戰	和戰

歌 노래 가 樂 즐거울 악	노래와 음악	**歌樂**	歌樂	歌樂	歌樂
計 셀 계 算 셈 산	수량을 헤아림	**計算**	計算	計算	計算
共 함께 공 同 한가지 동	여러 사람이 일을 같이 함	**共同**	共同	共同	共同
工 장인 공 作 지을 작	어떤 목적을 위하여 일을 꾸밈	**工作**	工作	工作	工作
科 과목 과 目 눈 목	공부할 지식 분야 를 갈라 놓은 것	**科目**	科目	科目	科目
光 빛 광 明 밝을 명	밝은 빛	**光明**	光明	光明	光明
教 가르칠 교 訓 가르칠 훈	가르치고 깨우침	**教訓**	教訓	教訓	教訓
區 구분할 구 別 다를 별	구역별 종류에 따라 갈라 놓음	**區別**	區別	區別	區別
區 구분할 구 分 나눌 분	따로따로 갈라 나눔	**區分**	區分	區分	區分
郡 고을 군 邑 고을 읍	군과 읍	**郡邑**	郡邑	郡邑	郡邑

한자	뜻	쓰기		
根 뿌리 근 本 근본 본	사물의 생겨나는 근원	根本	根本	根本	根本
急 급할 급 速 빠를 속	급하고 빠름	急速	急速	急速	急速
圖 그림 도 畫 그림 화	그림을 그림	圖畫	圖畫	圖畫	圖畫
道 길 도 路 길 로	사람이나 차가 다닐 수 있게 만든 길	道路	道路	道路	道路
道 길 도 理 이로울 리	사람이 마땅히 행해야 할 바른 길	道理	道理	道理	道理
同 한가지 동 等 무리 등	등급이 같음	同等	同等	同等	同等
同 한가지 동 一 한 일	한결같음	同一	同一	同一	同一
洞 골 동 里 마을 리	마을	洞里	洞里	洞里	洞里
等 무리 등 級 등급 급	높고 낮음이나 좋 고 나쁨의 차이를 구분한 단계	等級	等級	等級	等級
例 법식 례(예) 式 법 식	정해져 있는 격식	例式	例式	例式	例式

한자	뜻	한자어			
名 이름 명 號 이름 호	이름과 호	名號	名號	名號	名號
明 밝을 명 白 흰 백	의심할 것 없이 아주 뚜렷하고 환함	明白	明白	明白	明白
文 글월 문 書 글 서	글자나 숫자 따위로 일정한 뜻을 나타냄	文書	文書	文書	文書
文 글월 문 章 글 장	생각, 느낌, 사상 등을 글로 표현한 것	文章	文章	文章	文章
方 모 방 道 길 도	일을 치러갈 길	方道	方道	方道	方道
方 모 방 正 바를 정	행동이 바르고 점잖음	方正	方正	方正	方正
分 나눌 분 別 다를 별	서로 구별을 지어 가르는 것	分別	分別	分別	分別
事 일 사 業 업 업	일	事業	事業	事業	事業
社 모일 사 會 모일 회	같은 무리끼리 모여 이루는 집단	社會	社會	社會	社會
算 셈 산 數 셈 수	기초적인 셈법	算數	算數	算數	算數

生 날 생 活 살 활	살아서 활동함	生活	生活	生活	生活
世 인간 세 界 지경 계	온 세상	世界	世界	世界	世界
世 인간 세 代 대신할 대	여러 대	世代	世代	世代	世代
樹 나무 수 林 수풀 림	나무가 우거진 숲	樹林	樹林	樹林	樹林
身 몸 신 體 몸 체	사람의 몸	身體	身體	身體	身體
安 편안 안 全 온전할 전	온전함	安全	安全	安全	安全
言 말씀 언 語 말씀 어	사람의 생각이나 느낌을 입으로 나타내는 소리	言語	言語	言語	言語
永 길 영 遠 멀 원	길고 오랜 세월	永遠	永遠	永遠	永遠
英 꽃부리 영 特 특별할 특	영걸스럽고 특이함	英特	英特	英特	英特
運 옮길 운 動 움직일 동	몸을 단련하거나 건강을 위하여 몸을 움직이는 일	運動	運動	運動	運動

衣 옷 의 服 옷 복	옷	衣服	衣服	衣服	衣服
正 바를 정 直 곧을 직	거짓이나 꾸밈이 없이 성품이 바르고 곧음	正直	正直	正直	正直
題 제목 제 目 눈 목	작품이나 강연을 대표하거나 내용을 보이기 위하여 붙인 이름	題目	題目	題目	題目
集 모을 집 會 모일 회	특정한 공동 목적을 위해 여러 사람이 모이는 회합	集會	集會	集會	集會
青 푸를 청 綠 푸를 록	청록색	青綠	青綠	青綠	青綠
村 마을 촌 里 마을 리	마을	村里	村里	村里	村里
出 날 출 生 날 생	사람이 태어남	出生	出生	出生	出生
土 흙 토 地 땅 지	땅, 흙	土地	土地	土地	土地
便 편할 편 安 편안 안	괴롭거나 힘들거나 하지 않고 편하여 좋음	便安	便安	便安	便安
平 평평할 평 等 무리 등	차별 없이 동등한 등급	平等	平等	平等	平等

	뜻	한자			
平 평평할 평 和 화할 화	평온하고 화목함	平和	平和	平和	平和
學 배울 학 習 익힐 습	배워서 익히는 일	學習	學習	學習	學習
海 바다 해 洋 큰 바다 양	넓은 바다	海洋	海洋	海洋	海洋
行 다닐 행 動 움직일 동	동작을 하여 행하는 일	行動	行動	行動	行動
和 화할 화 平 평평할 평	마음이 기쁘고 평안함	和平	和平	和平	和平
會 모일 회 社 모일 사	상행위를 목적으 로 두 사람 이상이 설립한 사단법인	會社	會社	會社	會社

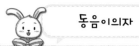

가	家 (집)	歌 (노래)				
각	角 (뿔)	各 (각각)				
강	江 (강)	強 (강하다)				
계	界 (지경)	計 (셈하다)				
고	高 (높다)	苦 (쓰다)	古 (예)			
공	工 (장인)	空 (비다)	公 (공평하다)	功 (공)	共 (한가지, 함께)	
과	科 (과목)	果 (과실)				
교	校 (학교)	敎 (가르치다)	交 (사귀다)			
구	九 (아홉)	口 (입)	球 (공)	區 (구분하다)		
군	軍 (군사)	郡 (고을)				
근	根 (뿌리)	近 (가깝다)				
급	急 (급하다)	級 (등급)				
기	氣 (기운)	記 (기록하다)	旗 (기)			
남	南 (남녘)	男 (사내)				
대	大 (크다)	代 (대신하다)	對 (대하다)	待 (기다리다)		
도	道 (길)	圖 (그림)	度 (법도)			
동	東 (동녘)	同 (한가지)	冬 (겨울)	洞 (고을)	動 (움직이다)	童 (아이)
등	登 (오르다)	等 (무리)				
례	例 (법식)	禮 (예도)				
리	里 (마을)	理 (다스리다)	利 (이하다, 이롭다)	李 (오얏, 성)		
명	名 (이름)	命 (목숨)	明 (밝다)			

문	門 (문)	文 (글월)	問 (묻다)	聞 (듣다)		
미	米 (쌀)	美 (아름답다)				
반	反 (돌이키다)	半 (반)	班 (나누다)			
방	方 (모)	放 (놓다)				
백	白 (하얗다)	百 (일백)				
부	父 (아비)	夫 (지아비)	不 (아니다)	部 (떼, 거느리다)		
사	四 (넉)	事 (일)	社 (모이다)	使 (부리다)	死 (죽다)	
산	山 (메, 뫼)	算 (셈하다)				
석	石 (돌)	席 (자리)				
성	成 (이루다)	省 (살피다)				
소	少 (적다)	所 (바, 곳)				
수	水 (물)	手 (손)	數 (셈하다)	樹 (나무)		
시	市 (저자)	時 (때)				
식	食 (먹다)	植 (심다)	式 (법)			
신	信 (믿다)	身 (몸)	新 (새롭다)	神 (귀신)		
실	室 (집)	失 (잃다)				
야	野 (들)	夜 (밤)				
약	弱 (약하다)	藥 (약)				
양	洋 (큰 바다)	陽 (볕)				
영	英 (꽃부리)	永 (길다)				
오	五 (다섯)	午 (낮)				

용	勇 (날래다)	用 (쓰다)			
원	園 (동산)	遠 (멀다)			
유	有 (있다)	由 (말미암다)	油 (기름)		
음	音 (소리)	飮 (마시다)			
의	意 (뜻)	醫 (의원)	衣 (옷)		
일	一 (한)	日 (날)			
자	自 (스스로)	子 (아들)	字 (글자)		
작	昨 (어제)	作 (짓다)			
재	才 (재주)	在 (있다)			
전	電 (번개)	全 (온전)	前 (앞)	戰 (싸움)	
정	正 (바르다)	庭 (뜰)	定 (정하다)		
제	第 (차례)	題 (제목)			
조	祖 (할아버지)	朝 (아침)			
족	足 (발)	族 (겨레)			
주	主 (임금)	住 (살다)	注 (붓다, 물대다)	晝 (낮)	
중	中 (가운데)	重 (무겁다)			
지	紙 (종이)	地 (땅)			
천	川 (내)	千 (일천)	天 (하늘)		
청	靑 (푸르다)	淸 (맑다)			
촌	寸 (마디)	村 (마을)			
하	下 (아래)	夏 (여름)			

한	韓 (나라)	漢 (한나라, 한수)			
행	幸 (다행)	行 (다니다)			
형	兄 (형)	形 (모양)			
화	火 (불)	花 (꽃)	話 (말씀)	和 (화하다, 화합하다)	畵 (그림)

한자쓰기

- 어문회 한자 쓰기
- 진흥회 한자어 쓰기

會 모일 회			
會 모일 회			
社 모일 사			
和 화할 화			
合 합할 합			
信 믿을 신			

用 쓸 용	用 쓸 용			
成 이룰 성	成 이룰 성			
功 공 공	功 공 공			
代 대신할 대	代 대신할 대			
表 겉 표	表 겉 표			

禮
예도 례(예)

禮
예도 례(예)

式
법식

式
법식

業
업업

業
업업

等
무리 등

等
무리 등

級
등급 급

級
등급 급

各
각각 각

各
각각 각

班
나눌 반

班
나눌 반

讀
읽을 독/구두 두

讀
읽을 독/구두 두

書
글 서

書
글 서

新
새 신

新
새 신

聞 들을 문	聞 들을 문			
訓 가르칠 훈	訓 가르칠 훈			
言 말씀 언	言 말씀 언			
高 높을 고	高 높을 고			
習 익힐 습	習 익힐 습			

章 글 장	章 글 장			
孫 손자 손	孫 손자 손			
李 오얏/성 리(이)	李 오얏/성 리(이)			
朴 성/순박할 박	朴 성/순박할 박			
黃 누를 황	黃 누를 황			

堂
집 당

堂
집 당

庭
뜰 정

庭
뜰 정

園
동산 원

園
동산 원

例
법식 례(예)

例
법식 례(예)

窓
창 창

窓
창 창

衣
옷 의

衣
옷 의

服
옷 복

服
옷 복

頭
머리 두

頭
머리 두

古
예 고

古
예 고

現
나타날 현

現
나타날 현

在 있을 재	在 있을 재			
昨 어제 작	昨 어제 작			
今 이제 금	今 이제 금			
開 열 개	開 열 개			
始 비로소 시	始 비로소 시			

急 급할 급	急 급할 급			
速 빠를 속	速 빠를 속			
朝 아침 조	朝 아침 조			
晝 낮 주	晝 낮 주			
夜 밤 야	夜 밤 야			

第 차례 제	第 차례 제			
反 돌이킬 반	反 돌이킬 반			
幸 다행 행	幸 다행 행			
運 옮길 운	運 옮길 운			
理 다스릴 리(이)	理 다스릴 리(이)			

由 말미암을 유	由 말미암을 유			
公 공평할 공	公 공평할 공			
定 정할 정	定 정할 정			
特 특별할 특	特 특별할 특			
集 모을 집	集 모을 집			

計 셀 계	計 셀 계			
注 부을/물댈 주	注 부을/물댈 주			
醫 의원 의	醫 의원 의			
科 과목 과	科 과목 과			
身 몸 신	身 몸 신			

體 몸 체	體 몸 체			
洋 큰 바다 양	洋 큰 바다 양			
藥 약 약	藥 약 약			
病 병 병	病 병 병			
席 자리 석	席 자리 석			

者
놈 자

者
놈 자

番
차례 번

番
차례 번

號
이름/부르짖을 호

號
이름/부르짖을 호

米
쌀 미

米
쌀 미

飮
마실 음

飮
마실 음

待

기다릴 대

待
기다릴 대

距離(거리): 둘 사이가 떨어져 있는 정도

距離	距離			
거 리	거 리			

區間(구간): 어떤 지점과 다른 지점과의 사이

區間	區間			
구 간	구 간			

共通(공통): 둘 또는 그 이상의 여럿 사이에 두루 통하고 관계됨

共通	共通			
공 통	공 통			

評價(평가): 사물의 가치나 수준 따위를 평함

評價	評價			
평 가	평 가			

平素(평소): 특별한 일이 없는 보통 때

平素	平素			
평 소	평 소			

特徵(특징): 다른 것에 비하여 특별히 눈에 뜨이는 점

特徵	特徵			
특 징	특 징			

周邊(주변): 어떤 대상의 둘레

| 周邊 주 변 | 周邊 주 변 | | | |

對話(대화): 마주 대하여 이야기를 주고 받음

| 對話 대 화 | 對話 대 화 | | | |

朗誦(낭송): 글을 소리 내어 외우거나 읽음

| 朗誦 낭 송 | 朗誦 낭 송 | | | |

暗誦(암송): 글을 보지 아니하고 소리 내어 외움

| 暗誦 암 송 | 暗誦 암 송 | | | |

理由(이유): 어떠한 결과에 이르게 된 까닭

| 理由 이 유 | 理由 이 유 | | | |

理解(이해): 사리를 분별하여 해석함

| 理解 이 해 | 理解 이 해 | | | |

標語(표어): 의견이나 주장 등을 알리기 위하여 간결하게 표현한 짧은 어구

標語	標語			
표 어	표 어			

表現(표현): 드러내어 나타냄

表現	表現			
표 현	표 현			

計算(계산): 수량을 셈

計算	計算			
계 산	계 산			

圖形(도형): 그림의 모양이나 형태

圖形	圖形			
도 형	도 형			

分數(분수): 사물을 분별하는 지혜

分數	分數			
분 수	분 수			

角(각): 면과 면이 만나 이루어지는 모서리

角	角			
각	각			

邊(변): 물체나 장소 따위의 가장자리

邊 변	邊 변			

半(반): 둘로 똑같이 나눈 것의 한 부분

半 반	半 반			

式(식): 계산을 하기 위해 세우는 법칙

式 식	式 식			

點(점): 작고 둥글게 찍은 표, 문장 부호

點 점	點 점			

差(차): 서로 다른 정도

差 차	差 차			

合(합): 여럿이 한데 모임, 또는 여럿을 한데 모음

合 합	合 합			

表(표): 어떤 내용을 일정한 형식과 순서에 따라 보기 쉽게 나타낸 것

| 表 표 | 表 표 | | | |

垂直(수직): 서로 직각을 이루는 상태

| 垂直 수 직 | 垂直 수 직 | | | |

順序(순서): 정하여진 차례

| 順序 순 서 | 順序 순 서 | | | |

時間(시간): 어떤 시각에서 어떤 시각까지의 사이

| 時間 시 간 | 時間 시 간 | | | |

結果(결과): 어떤 원인으로 결말이 생김

| 結果 결 과 | 結果 결 과 | | | |

分類(분류): 종류에 따라서 가름

| 分類 분 류 | 分類 분 류 | | | |

方法(방법): 어떤 일을 해 나가거나 목적을 이루기 위하여 취하는 수단이나 방식

方法 방 법	方法 방 법			

利用(이용): 대상을 필요에 따라 이롭게 씀

利用 이 용	利用 이 용			

種類(종류): 사물의 부문을 나누는 갈래

種類 종 류	種類 종 류			

差異(차이): 서로 같지 아니하고 다름

差異 차 이	差異 차 이			

活用(활용): 충분히 잘 이용함

活用 활 용	活用 활 용			

이야기로 배우는
**신나는
급수한자
6급**
한자 카드

會

社

和

合

信

用

成

功

모일 사

모일 회

한자 카드 만들기

완성된 한자 카드에
고리를 연결하고,
여러 가지 연습이나
게임에 활용한다.

믿을 신

합할 합

화할 화

공 공

이룰 성

쓸 용

代	表	禮
式	業	等
級	各	班

예도 **례/예**

겉 **표**

대신할 **대**

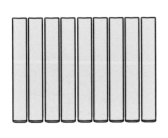

무리 **등**

업 **업**

법 **식**

나눌 **반**

각각 **각**

등급 **급**

讀　書　新

聞　訓　言

高　習　章

새 **신**

글 **서**

읽을 **독**/구두 **두**

말씀 **언**

가르칠 **훈**

들을 **문**

글 **장**

익힐 **습**

높을 **고**

孫 李 朴

黃 堂 庭

園 例 窓

 성/순박할 박

 오얏/성 리/이

 손자 손

 뜰 정

 집 당

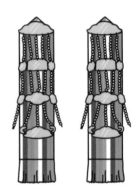 누를 황

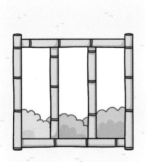 창 창

 법식 례/예

 동산 원

衣 服 頭

古 現 在

昨 今 開

머리

옷 복

옷

있을

나타날

예

열

이제

어제

始 急 速

朝 晝 夜

第 反 幸

빠를  속

급할 급

비로소  시

밤 야

낮  주

아침  조

다행  행

돌이킬  반

차례  제

運 理 由

公 定 特

集 計 注

몸

과목 과

의원 의

약 약

큰바다 양

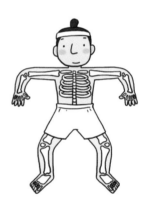
몸 체

놈 자

자리 석

병 병

番　號　米

飮　待

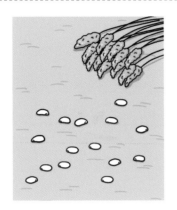

쌀 미

이름/부르짖을 호

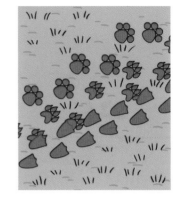

차례 번

기다릴 대

마실 음

距離	區間	共通	評價
平素	特徵	周邊	對話
朗誦	暗誦	理解	標語
表現	計算	分數	邊
點	差	垂直	順序
時間	結果	分類	方法
利用	種類	差異	活用

평가	공통	구간	거리
대화	주변	특징	평소
표어	이해	암송	낭송
변	분수	계산	표현
순서	수직	차	점
방법	분류	결과	시간
활용	차이	종류	이용